臺灣歷史與文化 研究輯刊

二十編

第 7 冊

臺灣桃園呂屋豐順腔客話研究（上）

賴文英 著

花木蘭文化事業有限公司

國家圖書館出版品預行編目資料

臺灣桃園呂屋豐順腔客話研究（上）／賴文英 著 -- 初版 --
新北市：花木蘭文化事業有限公司，2021〔民 110〕
目 6+150 面；19×26 公分
（臺灣歷史與文化研究輯刊二十編；第 7 冊）
ISBN 978-986-518-554-1（精裝）
1. 客語 2. 比較語言學
733.08 110011283

ISBN-978-986-518-554-1

9 789865 185541

臺灣歷史與文化研究輯刊
二十編 第 七 冊 ISBN：978-986-518-554-1

臺灣桃園呂屋豐順腔客話研究（上）

作 者	賴文英
總 編 輯	杜潔祥
副總編輯	楊嘉樂
編 輯	許郁翎、張雅淋、潘玟靜　美術編輯　陳逸婷
出 版	花木蘭文化事業有限公司
發 行 人	高小娟
聯絡地址	235　新北市中和區中安街七二號十三樓
	電話：02-2923-1455／傳真：02-2923-1452
網 址	http://www.huamulan.tw 信箱 service@huamulans.com
印 刷	普羅文化出版廣告事業
初 版	2021 年 9 月
全書字數	165406 字
定 價	二十編 14 冊（精裝）台幣 35,000 元

臺灣桃園呂屋豐順腔客話研究（上）

賴文英　著

作者簡介

賴文英

★國立新竹教育大學臺灣語言與語文教育研究所博士

現任：

★臺灣師範大學臺灣語文學系兼任副教授

★中央大學客家語文暨社會科學學系兼任副教授

學術出版自 2003 年起，於學報發表期刊論文，至今論文共計逾 70 篇，其中文章亦發表於 AHCI、SSCI、TSSCI、THCI Core 等收錄之期刊當中，作者致力於客語研究與客語教學，使客語研究的能見度推及國際並紮根於教學，並結合語文專長與繪畫，創作系列性的客語繪本。內容含蓋客語語法、音韻、詞彙、語義、語言與文化、母語文學、母語教材與教學、藝術人文等等。專著有：

◎學術專著：

《語言變體與區域方言：以臺灣新屋客語為例》（師大，2012）

《臺灣客語語法導論》（臺灣大學出版中心，2015）

《臺灣客語的語言變體：四海與小稱》（花木蘭，2016）

《語言接觸下客語的變遷》（中央大學出版中心，2020）

◎繪本著作：

《夜呱愛去哪？》（2013）

《荷塘生趣》（2017）

《荷花个故事》（2018）

《富與窮》（《有錢摎無錢》）（2019）

《行孝繪本：客語民間文學故事選》（2020）

◎語文教材：

《初級客語講義》（2016）

《客語會話 I》（2017）

◎譯本文學：

《老人同海》（2020）

提　　要

不同地域的方言接觸影響，容易導致本來同質性高的方言往不同的方向演變；而相同地域的方言接觸影響，則往往會導致本來異質性高的方言往相同的方向演變。位於桃園新屋的豐順客話，是一處幾乎快被遺忘的村落方言，隨著強勢腔的介入，在聲調方面呈現著「海陸腔化」的方言現象，雖然在部份的音韻、詞彙中，一方面與海陸腔趨同，另一方面卻又與四縣腔趨同，但仔細分析，其方言還保留著自身的特色在，所以呈現在音韻、詞彙上面，有更多樣性的變化。對於這樣的一個方言現象，前人未有探討過，亦未對共時方言所產生的疊置式音變與詞變現象，做過分析，因此，筆者以音韻基礎為出發點，對現代方言詞彙做一研究，並從詞彙的歷史來源、共時方言的接觸、社會以及文化語言學等層面，多角度來探討其音韻及詞彙特色。

第四、五章：音韻系統的描寫與比較，探討方言的聲、韻、調音系特色，以及音韻在歷史與方言接觸之下的演變。其中在共時方言中，與觀音豐順、大陸湯坑豐順均有很大差異在；至

於與方言接觸地的四縣與海陸話的音韻現象，則是趨同中又有相異的特色在。

第六章：構詞系統，主要從方言的共時比較當中，探究其構詞形式上的差異，以及豐順話與其他方言之間的構詞中，有何較特殊的構詞特點。比較大的特點則是「仔」綴詞之有無，新屋豐順一律無「仔」後綴詞，普遍亦無「仔」中綴詞，不同於新屋海陸話，與觀音豐順有相當數量的「仔」綴詞也不同，可見得，本應相同的方言在不同的地域中，會產生不同的方言變化。

第七、八章：詞彙源流、詞彙與文化的探討，客語詞源之層次向來未有系統之統整，本章主從古漢語之沿用、借詞兩方面來探究，並從詞彙歷史源流的演變、同源詞的對應關係，以及共時方言的對比中，配合各家考證的語源文獻，嘗試劃分出詞源之層次。詞彙與文化方面，分地名詞彙、委婉語、詞彙意義深究三方面來探討，擬經由詞彙多角度層面的探究，以瞭解詞彙所反映的方言文化。

第九章：方言特色，主為以上之綜合探討，包括音系、詞彙的特色之外，另有三方向：一為對新屋豐順腔古上去聲的分合條件做一深入分析，新屋豐順腔古上去聲的分合條件，有別於其他客語或漢語方言的特殊現象，古清上、清去、濁上、濁去均有歸上聲的，古濁上、濁去亦有歸去聲的，本文擬針對此做一說明；二是利用詞彙擴散理論，及語音對當的原理，探討在方言接觸之下，新屋豐順客話之變化，其中包括了共時方言的疊置式音變與詞變現象。此種疊置式音變與詞變主要是指當兩種或多種方言相互接觸時，在聲母、韻母、聲調，以及詞彙方面，會產生一種雙重音韻或雙重詞彙並用的情形，例如：中古效攝「燒」、「小」、「笑」等字之韻，-eu/-au 二韻同時使用，使得 -eu/-au 二韻在某一些特定詞彙中，呈現著自由變體的音變與詞變現象。

第十章：結論，對於以上之研究歸結本文之研究成果與貢獻，以及對未來之期許方向，期待本文可以在研究社會方言之基礎下，成為語言與文化結合之表徵。

目

次

圖目次

表目次

第一章　緒　論

　　語言不論體現在音韻或詞彙的分析上，都存在著一種社會性（sociality），而這種社會性所包含的變數卻相當多。本文除了記錄一處未曾被記錄過的方言外，主要著重在四個大方向，分別為：一為運用社會語言學之「社會網路分析法」（social network analysis），並結合其他方法如歷時與共時的比較法等等，以探討音韻、詞彙的特色與變化；二為探討方言的歷時變化，與因方言接觸而產生的共時變化，另外在共時變異下（或為某一段時間內所產生的變異），方言在音韻、詞彙上所產生特殊的疊置式音變與詞變現象（overlapping sound and lexicon changing）探究；三為詞彙與文化關聯的探討，含構擬客語詞源之層次，地名詞彙、委婉語與禁忌語等顯現在文化中的特色；四為對於方言中所顯現獨特的音韻、詞彙特色，除了描述外，並做更深一層次的分析。

1.1　研究緣起與重要性

1.1.1　研究動機

　　臺灣的語言生態長期以來存在著一個疑惑，臺灣的原住民語言能保存下去嗎？得到的回應通常是：「NO！」那麼在原住民語言瀕臨滅絕的同時，另一種即將要失守的語言——客語，似乎也在做垂死的掙扎。一般來講，客語次方言在臺灣除了通行的四縣、海陸話外，亦有饒平、大埔、詔安、長樂、豐順話及永定話等等，除了通行腔（四縣、海陸話）之外，其他的次方言幾

乎已不為眾人所知、所聽、所用的家用方言，抑或是已同化消失於其他方言之中了。面對著這樣的一種現象，試問，語言學家、或是我輩人士能為自己的語言做些什麼呢？

一處未曾受正視的方言，隨著時間的流逝，它也正逐步凋零中了！

對自己長期生長的環境中，居然是在自己接觸語言學的研究時，透過筆者之父親，才發現此地亦有豐順客話的存在，而此地的豐順客話卻不見於文獻的記載，可能是一來新屋豐順客話的區域性集中且勢力範圍小，它的聲音只存在於家人、村莊之內，因而易被忽視；二來也因為世代都居住在海陸話的環境下，語言大都將近被漠視，甚至同化了，因此就更易被忽視。就因如此，中、少年者幾不會說，而年長者平常還可對內互談，但幾代下來，大都偏向於海陸話了，不過，或許因為它是處在區域性集中的小村莊內，即使經過了數代的交替，基本上，其方言仍保有某些特色在。

對於新屋豐順與海陸話的調值，呈現高度的吻合，我們更傾向於將新屋豐順話的聲調視為「海陸腔化」的特徵，但其他聲、韻、詞彙上，是不是也是有類似的走向呢？與坐落在鄰鄉觀音鄉的高姓豐順話又有何異同呢？有鑒於此，對於這消失中的語言，筆者希望可以藉此研究，將其語言及時的記錄下來。

試問，我能為自己家鄉的方言做些什麼呢？在一場土田滋和李壬癸的對話中，讓我產生了動力：

> 土田：若從保存語言的角度來看，我們現在可能真的白做了。但我
> 　　　們做研究的目的，並不是要讓一種瀕臨滅絕的語言保存下
> 　　　去……

> 李：讓語言存活不是我們的工作，我們的責任就是好好將某種語言
> 　　記錄下來。即使消失了，後代的人也能知道什麼時候、什麼地
> 　　方曾有某種語言存在。〔註1〕

1.1.2 研究目的

本研究主要目的有以下幾點：

1. 記錄尚未被記錄且即將可能消失的方言點。
2. 探討方言的聲、韻、調音系以及詞彙特色。

〔註1〕摘自李壬癸（1996：280）《臺灣南島民族的族群與遷徙》。

3. 探討音韻、詞彙的變遷，含歷時的比較及共時的對比。

4. 從語言接觸看新屋豐順客話之變化，且此種方言演變不同於觀音豐順話的變遷，甚至較觀音地區保有原方言地之特徵在。

5. 詞源之歷史層次探討。

6. 詞彙與當地歷史文化之關係。

7. 藉此研究做為日後擴大區域方言詞彙之探究。

8. 藉此研究做為日後擴大區域方言接觸之探究。

1.1.3　預期研究成果與限制

1.1.3.1　預期成果

本文的預期研究成果，希望能達到以下幾點：

1. 記錄未曾被記錄過的方言點，以提供日後相關研究的音韻、詞彙來源，為臺灣客方言豐順腔的研究多一處語料的來源。

2. 從音韻歷時的比較，與音韻、詞彙共時的對比中，找出方言的特色以及音韻的變遷。

3. 除了方言的共時比較外，並利用「詞彙擴散」（lexical diffusion）〔註2〕理論，以及語音「對當」（correspondence）〔註3〕的原理，討論在方言接觸下，其方言產生的變化類型，並由此推測出大陸湯坑豐順話、觀音高姓豐順話，與新屋呂屋豐順話，三者在音韻、詞彙上的差異性及其親疏關係，其中新屋與觀音的豐順話因差異頗大，甚至較觀音地區保有原方言地之特徵在，而使得兩地的豐順客話，可能成為不一樣的臺灣客語次方言。

4. 對於豐順客話中，有關漢語借詞與非漢語借詞的層次，做一劃分。

5. 從詞彙多角度的分析研究中，含詞源、詞義、構詞及文化方面，使此種研究方法可供日後相關研究的參考方法，以及參考資料的來源。

1.1.3.2　研究限制

由於豐順客話在當地為弱勢方言，因此不易於生活中採集自然之語料，

〔註2〕此理論最早由 Wang（1969）提出。參見何大安（1996：101）的解釋，所謂「詞彙擴散」是指：「當一種語音變化一旦發生的時候，這種變化，不是『立即』就施用到『所有』有這個音的詞彙上；而是『逐漸地』從一個詞彙『擴散』到另一個詞彙。」

〔註3〕參見何大安（1996：124）。

又語音、詞彙在調查、分析時均要加以過濾、整理，盡求豐順話音系與詞彙之原貌性，以及瞭解它受到語言接觸而產生的影響。又，會豐順話者，其大多識字有限，因此在文讀音的採集上備感困難，例如一般在探討客家方言所常採集的「屈、耿、稅」三字，分別代表/-iut、-uen、-iui/三韻，但在當地此三字並非常用之生活字或文讀字，換句話說，這類字原先就可能並非屬於該方言的音系，因此筆者對於採集不到的少用字或罕用字，認為並無必要性的將其活生生的從文讀音中，硬要找到一種答案而歸入音系中。又本文之探討只局限在單一方言點的詞彙，缺乏全面性方言詞彙的研究。

1.2 豐順客話地理及其分布概況

1.2.1 廣東省豐順客話地理及其分布簡介

1.2.1.1 地理分布概況〔註4〕（參見【附錄 01】【附錄 02】）

廣東省梅州市豐順縣，位於廣東省東部、梅州市南端。清乾隆三年（1738）始設豐順縣，因當時縣治為豐順（今豐良），故名。全縣面積約 2825 平方千米，人口約 63.58 萬，轄 24 鄉鎮，縣政府駐湯坑鎮。本縣地處蓮花山脈東部，東鄰饒平、潮安；南通揭揚、揭西；西連五華、興寧；北抵梅縣、大埔。

豐順縣，歷史上多屬潮州府管轄，1949～1958 年歸梅縣地區管轄，1958 年後劃歸為揭陽市管轄，1965 年後又劃歸為今梅州市管，目前縣城所在地為 1949 年由北部的豐良遷往今中南部的湯坑鎮。

1.2.1.2 語言概況〔註5〕（參見【附錄 03】）

豐順縣地處客方言和閩方言的交界帶，境內至少通行閩、客兩種漢語方言。閩南話以潮州話為主，大致在縣的東部和南部，與饒平、潮安、揭東相鄰，此區與中東部的「福佬話」人口共約 120,000 人，大約佔全縣總人口的 22%；另外約 78%為客家人，主要分布在縣境內除東南部外的絕大多數地方；以及總數不到 1%講畬語的少數民族畬族，集中居住在縣東部，當地客

〔註4〕參考《廣東省豐順縣志》，頁 183～190。《廣東省政區圖冊》，頁 73。高然（1999：61～63，73～74）。

〔註5〕參考高然（1999：61～63，73～74）。

家人或稱之為「畬佬話」。縣北部的廣大地區大多為純客話鄉鎮，而在東南部則有相當多的客潮混居點。

高然（1999）依縣內客方言間的差異，而將豐順客話分成五小片，分別是：湯坑片、八鄉片、豐良片、潘田片和茶背片。由於縣城在 1949 年時由北部遷往中南部地區的湯坑，而湯坑的客家話多少就會受潮州話影響而有別於北部的客方言，因此湯坑就不被認為是純客縣，也因此高然也指出縣內的豐順客話，並沒有形成代表點。

1.2.2 新屋豐順客話地理及其分布簡介

1.2.2.1 地理分布概況（參見【附錄 04】【附錄 05】）

桃園縣西臨臺灣海峽，其中沿海四鄉之新屋鄉位於桃園縣南部，新屋鄉南鄰新竹之新豐、湖口二鄉（海陸話為主）；東南為楊梅鎮（海陸話為主）；東北為中壢市（四縣話及其他）；北鄰觀音鄉（海陸話為主）。本鄉面積八五‧〇二方公里，南北最長約十公里；東西長達約十七公里。鄉名起源於現位於全鄉東區的行政中心地——新屋，新屋鄉是海豐客家人很多的地區，乾隆年間由一范姜家族海豐人來此開墾，並用顯著的紅色磚瓦建一新的房屋，因而村民稱其房子為「新起屋」，久之此地就以「新起屋」為莊名，簡稱「新屋」，這座「新起屋」亦即現稱之「范姜古厝」〔註6〕。

《臺灣鄉土續誌》〔註7〕提及了豐順呂姓人士入墾新屋的相關記載：「客家人的入墾，大約是在雍正年間及其以後的事，到了乾隆年間而漸盛。一直到嘉慶、道光年間，還有不少的客家人陸續不斷地入墾定居。他們的原籍大多來自惠州府屬的陸豐、海豐，潮州府屬的豐順及嘉應州屬的蕉嶺等縣。其姓氏計有徐、范、曾、呂、黃等各姓人士。」若以今新屋豐順客話分佈的埔頂、社子兩村來看，其兩村相鄰，位於新屋的東南及南部，徐、呂為兩村的大姓人家，在當地並有以「呂屋」來泛稱呂姓族群早年聚居之地，而本文所指稱之「呂屋」概括了埔頂、社子兩地的呂姓人士。

1.2.2.2 語言概況（參見【圖 1.1】）

新屋鄉的語言以客語次方言之海陸話為主，另有閩南語及客語次方言之

〔註6〕參考《桃園文獻》第二輯（1994：169～177）。林衡道《鯤島探源（一）》（1996：141～144）。
〔註7〕頁 197～198。

四縣話,亦有少部份的其他客語次方言,如:紅崁頭、康榔村的長樂話(洪惟仁 1992)、犁頭洲的饒平話(徐貴榮 2002)等,以及鄰近地區的語言如:觀音鄉藍埔金湖高姓的豐順話、中壢三庄屋秀篆邱姓的詔安話(吳中杰 1999)等。由此可見新屋地區及其四周環境語言的複雜性。其中豐順話除了觀音鄉藍埔的高姓之外,筆者亦發現了新屋這個地區所存有的豐順話,位在埔頂、社子之呂姓人家,且其祖先大多是屬同一「公廳」〔註8〕的。

【圖 1.1】研究地區方言分佈圖

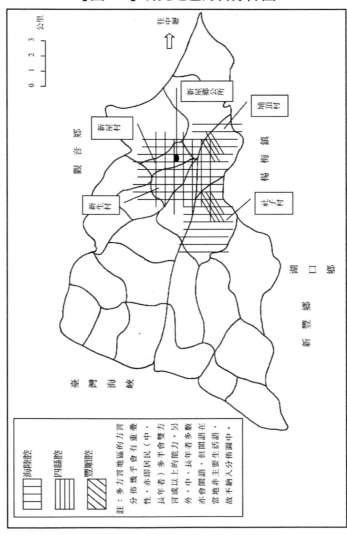

繪製者:賴文音

〔註 8〕客話「公廳」,指宗族共有的廳堂。

1.2.2.3　發音人簡介

1. 呂〇妹（豐順話主要發音人）

方言點	性別	出生	教育程度	職業	祖　籍	其他語言能力
新屋村	女	1938	小學	家管	廣東省豐順縣	流利：海陸、四縣 弱：華語

　　成長背景簡介：世居新屋埔頂村、社子村，發音人後嫁至新屋村，但都在新屋地區，平常和娘家之人還有以豐順話交談。

　　配偶方言及成長地：方言——海陸話；成長地——新屋

2. 呂〇郎（豐順話主要發音人）

方言點	性別	出生	教育程度	職業	祖　籍	其他語言能力
埔頂村	男	1933	日學（未畢）	農	廣東省豐順縣	流利：海陸 弱：四縣、日語

　　成長背景簡介：世居新屋埔頂村、社子村，豐順話目前只和當地呂姓人家少量使用。

　　配偶方言及成長地：方言——海陸、豐順話；成長地——湖口——→新屋。

3. 張〇英（豐順話主要發音人）

方言點	性別	出生	教育程度	職業	祖　籍	其他語言能力
埔頂村	女	1943	無	家管		流利：海陸 弱：四縣

　　成長背景簡介：發音人原新竹湖口鄉人，母語為海陸話，後嫁至埔頂村，依當地傳統的觀念，「捧人飯碗者，須知夫家之語言」，故發音人亦會流利的豐順話，其語言受他語影響所產生的變化反而較其配偶來的小，此點可能和男性發音人須常在外打拚、工作或活動有關，因新屋是以海陸話為主要語言的地區。

　　配偶方言及成長地：方言——豐順、海陸話；成長地——新屋。

4. 呂〇郎（豐順兼海陸話發音人）

方言點	性別	出生	教育程度	職業	祖　籍	其他語言能力
埔頂村	男	1926	無	農	廣東省豐順縣	流利：海陸

成長背景簡介：世居新屋埔頂村，豐順話只和當地呂姓人家微弱使用，但語流中已參雜著海陸話，故此部份僅做參考用。

配偶方言及成長地：方言——海陸、豐順話；成長地——觀音——→新屋。

5. 賴〇財（海陸話兼四縣話發音人）

方言點	性別	出生	教育程度	職業	祖　籍	其他語言能力
新生村	男	1937	小學	農	江西省龍南縣	流利：四縣、閩南、華語 弱：饒平

成長背景簡介：居新屋三十年以上，因常在新屋地區活動故熟於當地海陸話，在家以四縣話，對外大都以海陸話交談。

配偶方言及成長地：方言——四縣、海陸話；成長地——新竹——→新屋。

6. 黃〇妹（海陸話兼四縣話發音人）

方言點	性別	出生	教育程度	職業	祖　籍	其他語言能力
新生村	女	1937	無	家管		流利：四縣 弱：閩南

成長背景簡介：母語原為四縣，因居新屋三十年以上，在新屋地區對外大都以海陸話交談。

配偶方言及成長地：方言——四縣、海陸話；成長地——中壢——→新屋。

7. 其他發音人

長期居住在新屋地區的居民，從其生活交談語中慢慢收集並記錄其語言。

第二章　研究方法

2.1　田野調查法

　　方言的研究大都須從「調查」入手，而實際的「田野調查（field study）」則更能顯現材料的真實性，也因此，田野調查的方式往往可能牽涉到後續研究分析的內容與結果。為使本文的田調資料具有真實性與可貴性，筆者在初步確認方言點之後，採用以下階段的調查方式：

　　第一階段：詞彙來源與尋找發音人。（2003 年 1 月）

　　詞彙來源主要有以下三種：

　　1. 製定詞彙調查詞表：參考盧彥杰《新竹海陸客家話詞彙研究》之詞彙表並製定成詞彙調查詞表。

　　2. 依當地之人文環境補充詞彙至調查詞表中。

　　3. 從當地生活中蒐集口語生活詞彙，視需求而補充至調查詞表中。這一部份主要是從筆者的生長環境與周遭人的互動中所採集，因此在記錄上是以海陸或四縣話為主，可做為當地豐順客話的比較，語料上亦可做為本文日後擴充時的參考。

　　發音人的確認：筆者佔著地利、人文之便，透過筆者之父親而找到方言點與世居當地的發音人。由於考慮到發音人雖然世居在當地，然而豐順話在當地為弱勢腔，其方言易受當地強勢的海陸話所影響，又，為求豐順詞彙的原貌呈現，因此在發音人的選擇上並不局限在一人，多位發音人可做為語音及詞彙正確性的參考。

第二階段：初步錄音及記音。（2003 年 1～7 月）

根據近四千條的調查詞表，對各發音人做初步性的訪談、錄音、記音，並從中擇取主要發音人。對所記錄之音整理成豐順音系與同音字表初稿。

第三階段：《方言調查字表》與《漢語方言詞彙》之補充。（2003 年 5～8 月）

第四階段：對第二階段調查有缺的或需再補正的，並搭配以上二書再繼續調查，製成完整的豐順音系與同音字表。

2.2 社會調查法

社會調查的實務蒐集方法，通常包括了 1. 觀查法；2. 訪談法；3. 問卷法；4. 文獻法等四種方法，茲針對本文研究所採用的方法，說明如下：

（一）觀察法——觀查法向來為做社會研究時較困難的方法之一，因為其特點要實地長期深入觀查瞭解，才能達到完善的結果。筆者採用了參與觀查法與非參與觀查法二者並用，參與觀查法是對特定人士，在其不防備之狀況下，以自然聊天的行為，將其特殊語音記錄起來；至於非參與觀查法，則是對不定人士留意其談話，做為方言通性或變異性的參考，但對於以上二者之語音變化，仍需有能力判斷其資料是否可取可用，否則會造成太多不必要的誤差。

（二）訪談法——此種方法是經由有計劃、有目的地與被調查對象進行交談。其缺點是，發音人易受調查員影響，且因是有意識的調查，故不容易蒐集到變異的情形，通常，調查員還需設計好訪談的資料，或具備一些訪談技巧的技術，以及要有對其資料正確與否的判斷能力，才能得出珍貴之資料。

筆者兼用上述之兩種方法，一方面，語言就是生活的呈現，對於語言變異之所在，往往也就是生活中平常事的顯現；另一方面，生活亦是文化的呈現，文化中的變異，往往也就是語言變異的來源地。

2.3 描寫語言法

描寫語言法（descriptive linguistics）是對此地的豐順及海陸（海陸話在此主做為豐順話之比對參考）客方言的語音、詞彙做一描寫，並對調查所得的資料，經過分析、歸納後，製聲母表、韻母表、聲調表及同音字表。另外，對於正

在進行中的音韻或詞彙變化，筆者採用將其中不同的變體記錄下來，並分析其底層與產生變體變化之原因。

　　本文之標音採國際音標，所用調值符號則以趙元任所創的五度制聲調符號，調號分別以1、2、3、5、6、7、8代表陰平、陽平、上聲、陰去、陽去、陰入、陽入；引用語料之標音，則採原資料之標示法。對字之擇取，辭典上或他人調查詞表的字僅做參考用，原則上盡量參考文獻求取本字、訓讀字、或俗字為主。

2.4　比較分析法

　　方言的比較分析（comparative linguistics），主要有橫向的共時比較法與縱向的歷時比較法，本文採用之方法述說如下：

2.4.1　共時比較法

　　共時比較法（synchronic linguistics），以本文而論，是指現代方言之間相互的對比。主要以豐順客話與當地海陸、四縣話做一對比，藉此瞭解方言間的相似點與相異點，以及弱勢方言在當地語言接觸下所產生的變化，並以大陸廣東省豐順話、桃園高姓豐順話，以及苗栗四縣話、新竹海陸話，或參酌其他相關方言為對比之參考，以瞭解新屋豐順客話之特色所在。

2.4.2　歷時比較法

　　歷時比較法（diachronic linguistics）是以現代方言與歷史上漢語方言之間的比較。本文主要是以新屋豐順客話與《新校正切宋本廣韻》〔註1〕（以下簡稱《廣韻》）的中古音做一比較，藉以瞭解方言所反映的音韻變遷，或方言地區受到早期其他漢語方言或非漢語方言的借詞，以期進一步瞭解方言的底層層次。

2.5　詞源考證法

　　有關詞彙源流（etymology）探究之方法，本文則試著從古籍當中，及各

〔註1〕（宋）陳彭年等重修《新校正切宋本廣韻》（澤存堂藏板）。臺北市：黎明文化，1976年9月初版。

類早期韻書如《說文解字》〔註2〕（以下簡稱《說文》）、《廣韻》、《集韻》……等等之查詢，並搭配其他古籍的比較考證，儘量找到與古漢語有聯繫的詞彙關係，以及方言字的形成與發展的演變關係。另外，從《漢語方言大詞典》及其他方言辭書或相關探討之文獻中，考證詞彙的來源。

2.6 社會網路分析法

　　方言的研究方法，通常不會只局限在單一方法，或者只是傳統的語言分析法，尤其在詞彙研究，或音韻變遷方面，除了傳統的音韻學之外，還須結合社會語言學、文化語言學、比較語言學等等，從不同方向的角度分析，探討所得的結果才能愈臻完善且深入，舉凡社會層面的觀察、當地文化背景的瞭解等等，都可能造成研究結果不同的呈現。筆者以新屋豐順客話為主，從社會網路分析法的概念，來分析方言之變異（variety）。

　　所謂的「社會網路分析法」（social network analysis）（O'grady 1997：543～545），是研究社會變異（social variation）的一種方法，此方法並不以「量」為取樣的準則，主要是以「參與者」的角度，深入當地社群中做不同層面的觀察，在 O'grady 中，是以「EGO」為自我中心點，向外擴散，其觸角包括了鄰居群、工作群、運動群、宗教信仰群、以及親屬群等等，各群形成了一近似圓形的風扇狀，其中，每一扇即代表著不同的社群，彼此環環相扣，且相互影響。另外，陳原（2001：443）則以「語言的變異」為中心點的架構，探討導致語言變異的因素有時、空、人、物等等。是故，以下筆者結合「社會網路分析法」與濃縮陳原的「語言變異分析法」，製成影響新屋豐順客話產生變異的因素簡化圖如下，並以此為分析架構，其中，每一扇代表著不同的變異因素，彼此環環相扣，相互影響，各扇之間重疊的部份便又構成了中心點——「方言的變異」：

〔註2〕（漢）許慎撰；（清）段玉裁注《說文解字注》（經韻樓藏版）。高雄市：高雄復文圖書出版社，2000年初版2刷。

【圖 2.1】新屋豐順客話產生變異的因素分析圖

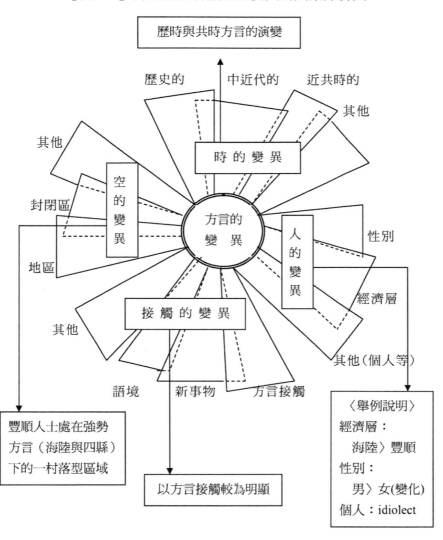

第三章　文獻探討

有關本文各主題相關的文獻探討，在各主題之下另有說明，在此僅就大標題的相關文獻做一探討。

3.1　詞源相關文獻

所謂的詞彙來源，主要以古漢語之沿用、方言之創新、借詞三者為主。

在詞源探討方面，從《爾雅》詞彙釋義開始，《方言》採集與排比各方言詞，一直到《說文解字》結合了字的形音義來探討詞彙，漢語詞彙學這一學科的存在，其實由來已久，但國人有關方言詞彙的探討卻大都不離詞彙結構與詞義探討為主，有關詞源全面性的分析反而著墨不多。大陸在這一方面較國人有深入探討的，如王力《同源字典》、《漢語史稿》，羅常培《語言與文化》等，則為詞彙與文化關聯的著作，豎立了良好的典範，但仍以所謂的「普通話」為主要對象；客話本字方面則有羅肇錦〈客話字線索與非本字思索〉、李如龍《客贛方言調查報告》之部份，以及楊恭桓《客話本字》專書條列各字與韻書的聯繫關係，以及羅列許多被認為有音無字之字，可為本字之參考。在論文方面雖有江俊龍在《台中東勢客家方言詞彙研究》有部份的提到古漢語詞源與客語方言的聯繫關係，但其中對古漢語詞彙的來源並未交代清楚，這是較可惜的。

其他專門探討方言的則可參考揚雄《方言》，其中記錄了詞在各方言的表達法，可為方言之探究參考；與客方言有關的文獻，則有羅翽雲《客方言》，其體例仿《爾雅》之方式，分類成十二部份各別考證；黃釗《石窟一

徵》【卷七・卷八・方言】，以及《廣東省嘉應州志》【卷七・方言】對客方言的蒐集整理，並條列式解釋，均可參考。

3.2　豐順客話相關文獻

1. 豐順縣縣志編纂委員會編《豐順縣志》，頁 916～942。

書中有方言一章，主要記錄的對象為廣東省豐順縣的湯坑方言，大致上，列舉了音韻、詞彙系統，以及語法特色，並有常用詞彙一覽表，提供了原鄉的語言資料及方言比較的來源。

2. 高然《語言與方言論稿》，頁 61～82。

此書以〈廣東豐順客方言的分布及其音韻特徵〉以及〈廣東豐順客方言的語音特點〉兩篇章介紹有關大陸豐順境內各客方言語音的共同特徵與差異的現象；另外對湯坑客方言的音系概況做一說明，並與梅縣客方言做對比。因此書的語料列舉不多，也限於音系的探討，詞彙的部份則比較有限，但音系部份與新屋豐順客話有所差異，可與本文在論述音系時做相關之探討。

3. 高然〈廣東豐順客方言的分布及其音韻特徵〉。

此篇大致上是以《語言與方言論稿》為架構基礎，故不再探討。

4. 高然〈廣東豐順客方言語法特點述略〉。

此篇針對廣東豐順客方言的詞法與句法做一概要性的論述，對本文在論述相關詞彙主題時可做小部份之參考。

5. 張屏生《臺灣地區漢語方言的語音和詞彙》【論述篇】，頁 150～151。

其中在〈藍埔村豐順話客家話次方言的語音現象〉描述了觀音地區豐順話的語音現象。

6. 吳中杰《台灣福佬客分布及其語言研究》，頁 12。

對於在基隆市的客家居民和語言，陳述了從日本時代搬來的豐順移民，並略述其語音特點。

7. 溫秀雯《桃園高家豐順客話音韻研究》

此書可說是研究豐順客話的首本論文，以音韻現象的探討為主，為客家方言歷史和音韻現況的比較研究提供了相當的資料，書後並有各類詞彙一覽表。其中音韻和詞彙與筆者所調查的，則呈現了有趣的異同現象，值得再做

一對比分析，相信更能呈現豐順客話無論語音或詞彙上的豐富性。

3.3　其他相關文獻

有鑑於本文是從社會、文化等多角度的層面，探討有關音韻、詞彙的變遷與特色，因此以下列舉三本與社會語言學相關領域的論文做一探討：

1. 鄧盛有《臺灣四海話的研究》

此論文主要從音韻的比較中，證實「四海話」是在臺灣的四縣與海陸話，因為相互接觸後所產生的一種新的混合型客語，此種混合型「四海話」的產生背景，即是屬於社會語言學範疇的一支。

2. 陳淑娟《桃園大牛欄閩客接觸之語音變化與語言轉移》

作者以宏觀的社會語言學角度，並從各種社會層面因素，廣泛性的探討以閩南語為主的大牛欄區域中，因接觸周遭地區的客語而產生的「語音變化」與「語言轉移」現象，為臺灣的社會語言學研究開啟了另一扇窗。

3. 洪惟仁《音變的動機與方向：漳泉競爭與臺灣普腔的形成》

洪惟仁以其豐富的閱歷，結合了傳統方言學、社會方言學、地理方言學的研究方法與理論架構，呈現臺灣閩南語漳泉方言音韻演變的過程，證明閩南語臺灣優勢腔的形成，並為此種現象提出解釋，為臺灣的社會語言學研究又向前邁進了一大步。

一般而言，前人之豐順客話或臺灣其他方言之研究，大體上仍以音韻探討為主，詞彙則以構詞為主，其他的詞彙現象與句法的研究並不多見，在詞彙方面，其實可從不同的角度，如結合社會、人類、文化等之背景因素，加上音韻、比較語言學的研究方法等等，來呈現音韻與詞彙的豐富性，而此亦為本書所要著重的探究方向。

第四章　音韻描寫

4.1　聲　母

新屋豐順腔客話聲母如下：

【表 4.1】聲母表

發音方法／發音部位	塞音		塞擦音		鼻音	擦音		邊音
	不送氣	送氣	不送氣	送氣	次濁	清	次濁	次濁
	清	次清	清	次清				
雙　唇	p	p'			m			
唇　齒						f	v	
舌尖前			ts	ts'		s		
舌尖中	t	t'			n			l
舌尖面			tʃ	tʃ'		ʃ	ʒ	
舌　面					ȵ			
舌　根	k	k'			ŋ			
喉	ø					h		

例字：

/p-/　　爸 pa⁵³　　斑 pan⁵³　　八 pat⁵　　/v-/　　烏 vu⁵³　　碗 van¹¹　　猾 vat²

/p'-/　　爬 p'a⁵⁵　　潘 p'an⁵⁵　　潑 p'at⁵　　/m-/　　馬 ma⁵³　　滿 man⁵³　　襪 mat⁵

/f-/　　花 fa⁵³　　番 fan⁵³　　發 fat⁵　　/t-/　　打 ta¹¹　　擔 tam⁵³　　答 tap⁵

/t'-/	桃 t'o⁵⁵	淡 t'am⁵³	塔 t'ap⁵	/ʃ-/	蛇 ʃa⁵⁵	船 ʃon⁵⁵	石 ʃak²
/n-/	拿 na⁵³	南 nam⁵⁵	納 nap²	/ʒ/	野 ʒa⁵³	炎 ʒam⁵⁵	葉 ʒap²
/l-/	羅 lo⁵⁵	籃 lam⁵⁵	辣 lat²	/k-/	家 ka⁵³	柑 kam⁵³	甲 kap⁵
/ts-/	早 tso¹¹	站 tsam¹¹	摘 tsak⁵	/k'-/	科 k'o⁵³	看 k'on¹¹	刻 k'at⁵
/ts'-/	茶 ts'a⁵⁵	蠶 ts'am⁵⁵	察 ts'at⁵	/ŋ-/	牙 ŋa⁵⁵	研 ŋan⁵³	鱷 ŋok²
/s-/	沙 sa⁵³	三 sam⁵³	圾 sap⁵	/ȵ-/	耳 ȵi¹¹	人 ȵin⁵⁵	肉 ȵiuk⁵
/tʃ-/	遮 tʃa⁵³	磚 tʃon⁵³	隻 tʃak⁵	/h-/	蝦 ha⁵⁵	鹹 ham⁵⁵	盒 hap²
/tʃ'-/	車 tʃ'a⁵³	川 tʃ'on⁵³	尺 tʃ'ak⁵	ø-	愛 oi¹¹	暗 am¹¹	鴨 ap⁵

說明：

1. 含零聲母計有 22 個聲母。

2. 大部份的 tʃ-、tʃ'-、ʃ-與 ts-、ts'-、s-成無定分音，例：遮[tʃa⁵³]～[tsa⁵³]、炊[tʃ'ui⁵³]～[ts'ui⁵³]、事[ʃe¹¹]～[se¹¹]等；又如「臣、紙、枝、十、水、長、燭、車、船、止、汁……」等字，但仍有對立，如：「賺 ts'on¹¹」與「串 tʃ'on¹¹」；「精 tsin⁵³」與「蒸 tʃin⁵³」；「撐 sen¹¹」與「扇 ʃen¹¹」，故立兩套聲母。

3. 一般客語並無撮口呼，故只有/i/、/u/兩個介音，在新屋豐順腔以/i/、/u/當韻頭時則帶有濁化現象，分別唸成/ʒ-/、/v-/。其中非以-i-當韻頭之ʒ-與以-i-當韻頭之ʒi-成無定分音，本文音位化成/ʒ-/。

4. /ŋ-/和齊齒呼韻母相拼時，會唸成/ȵ-/，事實上/ŋ-/和/ȵ-/是成互補分配的，所以從音位的觀點上/ŋ-/、/ȵ-/是可以歸為同一聲母的，取消/ȵ-/這個聲母，並不會造成音位系統的混亂，但為了照顧音值和語料上對應的方便，在此仍以/ȵ-/作為音位符號。

4.2 韻 母

新屋豐順腔客話的韻母是由/ a、o、e、ɨ、i、u /6 個主要元音、/ i、u / 2 個介音、/ i、u、p、t、k、m、n、ŋ / 8 個韻尾所構成的，排列如下。

4.2.1 元音結構系統

	前元音	央元音	後元音
高	ɨ i		u
中	e		o
低		a	

說明：

1. 主要元音有 6 個，分佈如上。

2. /ɨ/包含舌尖前高元音[ɿ]、舌尖後高元音[ʅ]、央元音[ə]等三個元音。從語音結構上來說，[ɿ]只出現在舌尖前音 ts-、ts'-、s-之後；[ʅ]只出現在舌尖後音 tʂ-、tʂ'-、ʂ-之後；央元音[ə]則不單獨使用，只出現在-əm、-ən、-əp、-ət 四個韻母中，且只和 ts-、ts'-、s-拼合，其實際音值介於/ɨ/和/ə/之間。在本文之語料中出現第一種狀況，以及第三種狀況但卻成無定分音的如：食[sət²]、[ʃit²]與[ʃət²]，因[ɿ]、[ə]出現的位置並不會造成辨義作用，因此本文在音位的描述上則統一記成/ɨ/。

3. /ɨ/與/i/屬不同的音位，如：「子 tsɨ¹¹」與「姊 tsi¹¹」。

4. /-i/韻母可與/tʂ-、tʂ'-、ʃ-/拼合；但[-əm、-ən、-əp、-ət]等韻母與/tʂ-、tʂ'-、ʃ-/等聲母拼合時，因聲母的捲舌成份較重，而使得韻母主音元音較偏於齊齒韻的前高元音/-im、-in、-ip、-it/。

4.2.2　韻母結構系統

新屋豐順腔客話韻母如下：

【表 4.2】韻母表

陰聲韻（17 個）

韻攝＼韻頭	開尾韻（無韻尾之韻母）				元音韻尾韻			
開口	ɨ	a	o	e	ai	oi	au	eu
齊齒	i	ia	io	[ie]〔註1〕			iau	iu	[ieu]
合口	u	ua			uai	ui		

陽聲韻（20 個）

韻攝＼韻頭	鼻尾韻								
	-m			-n				-ŋ	
開口	[əm]	am	em	[ən]	an	on	en	aŋ	oŋ
齊齒	im	iam	[iem]	in	ion	ien	iun	iaŋ	ioŋ	iuŋ
合口				uan		un		uaŋ	uŋ

〔註1〕【表4.2】中，方括弧[　]中所代表的韻母，為無定分音。

入聲韻（19個）

韻攝＼韻頭	塞尾韻										
	-p			-t					-k		
開口	[əp]	ap	ep	[ət]	at	ot	et		ak	ok	
齊齒	ip	iap	[iep]	it			iet	iut	iak	iok	iuk
合口					uat		uet	ut			uk

成音節鼻音（2個）

聲化韻	
m̩	ŋ̍

例字：

ɿ	子	師	獅	i	底	西	肌	u	晡	烏	粗
a	花	拿	車	ia	謝	瀉	擎	ua	瓜	掛	卦
o	婆	禾	高	io	茄	瘸	靴				
e	蹄	泥	剃								
ai	買	賴	蟹					uai	蛙	拐	乖
oi	賠	胎	開					ui	杯	肥	歸
au	包	飽	交	iau	標	票	鳥				
eu	表	偷	漏	iu	柳	流	酒				
am	三	柑	站	iam	甜	殮	險				
em	砧	參	鑱	im	林	尋	金				
an	斑	單	旦					uan	關	灌	罐
on	團	暖	寒	ion	吮	軟					
en	丁	冷	圓	ien	邊	田	錢				
				in	兵	明	人				
				iun	君	裙	痕	un	婚	問	孫
aŋ	生	影	硬	iaŋ	名	驚	星	uaŋ	梗		
oŋ	幫	房	望	ioŋ	網	涼	香				
				iuŋ	龍	弓	雄	uŋ	紅	銅	洞

ap	納	蠟	葉	iap	貼	接	夾					
ep	笠	澀	激	ip	立	習	入					
at	八	發	辣					uat	刮			
ot	發	割	葛									
et	北	墨	色	iet	跌	鐵	月	uet	蟈	國		
				it	七	力	日					
				iut	綠	律		ut	卒	出	骨	
ak	百	白	石	iak	壁	錫	額					
ok	薄	藥	索	iok	雀	脚	钁					
				iuk	六	綠	肉	uk	目	竹	讀	
m̩	毋			ŋ̍	魚	吳	女					

說明：

1. 共有 58 個韻母。

2. 有開口、齊齒、合口三呼，無撮口呼。

3. /e/、/eu/、/em/、/ep/四韻在拼舌根塞音/k-/、/k'-/時，[e]、[eu]、[em]、[ep]分別與[ie]、[ieu]、[iem]、[iep]成無定分音。因舌根音在拼帶有前高元音/e/時，在前高元音之前往往會產生過渡音[i]，因此本文音位化成/e/、/eu/、/em/、/ep/。例：雞[ke⁵³]～[kie⁵³]、狗[keu¹¹]～[kieu¹¹]、摼[k'em⁵⁵]～[k'iem⁵⁵]、激[kep²]～[kiep²]。

4. [-əm、-ən、-əp、-ət]等韻母與/tʃ-、tʃ'-、ʃ-/等聲母拼合時，因聲母的捲舌成份較重，而使得韻母主要元音較偏於齊齒韻的前高元音，又[-ə-]、[-i-]在上述條件下，其出現的位置並不會造成辨義作用，因此本文在音位的描述上則統一記成/-im、-in、-ip、-it/。例：十[ʃip²]～[ʃəp²]、食[ʃit²]～[ʃət²]等字。

5. /-ien/、/-iet/兩音位與/-iam/、/-iaŋ/；/-iap/、/-iak/成對分佈，尤其在高雄美濃及屏東部份客話地區，其實際音值就是[-ian]、[-iat]。顯然的，[-a-]是受前面的高元音 i-及後面的舌尖輔音-n 的同化，而變成[-e-]的，為了照顧音值和語料上對應的方便，在此仍以/-ien/、/-iet/作為音位符號。

6. /-iut/韻出現在「綠 liut²」（綠島）與「律 liut²」（律師）兩字，較為特殊。

7. 成音節鼻音/m̩/、/ŋ̍/不與任何聲母相結合，例：毋 m̩⁵⁵、魚 ŋ̍⁵⁵、女 ŋ̍¹¹。

4.3 聲 調

4.3.1 基本調類

基本聲調如下：

【表 4.3】聲調表

調　類	陰平	陽平	上聲	去聲	陰入	陽入
豐順調值	53	55	11	33	5	2
豐順例字	夫 fu	湖 fu	虎 fu	父 fu	拂 fut	佛 fut

說明：

1. 新屋豐順腔聲調計 6 個，其中去聲不分陰陽。

（1）陰平：是高降調，如，夫 fu^{53}、魯 lu^{53}、拖 $t'o^{53}$。

（2）陽平：是高平調，如，湖 fu^{55}、蘆 lu^{55}、桃 $t'o^{55}$。

（3）上聲：是低降調，如，虎 fu^{11}、露 lu^{11}、討 $t'o^{11}$。

（4）去聲：是中平調，如，父 fu^{33}、路 lu^{33}、道 $t'o^{33}$。

（5）陰入：是高促調，如，拂 fut^{5}、祿 lut^{5}、託 $t'ok^{5}$。

（6）陽入：是低促調，如，佛 fut^{2}、錄 lut^{2}、擇 $t'ok^{2}$。

2. 豐順陽平調調值 55 與 44 成無定分調（55～44），在細微的辨認下，其調值較無海陸腔陽平調調值（55）「重」（此處的「重」指的是音較高），但語感上又常與海陸腔同，可能是豐順腔陽平調原有之調值受海陸腔化之影響而普遍成 55，在本文則調位化成 55。

3. 豐順腔上聲調調值 11 與 21 成無定分調（11～21），在語感上其調值普遍較海陸腔陰去調（11）「重」（此處的「重」指的是音微降），但又常會與海陸腔相同，可能是聲調上亦受到了影響。再加上豐順腔無「升調」，在語流上較易感覺為「微降調」，在本文仍調位化成 11。

4.3.2 變調

聲調變調的情形主要有以下四種：

1. 上聲語流變調：

（1）11～13──兼讀 11 與 13 調，例：五 $\eta^{11\sim13}$、兩 $lion^{11\sim13}$。少數字會有此類聲調現象的產生，此應是受當地海陸腔的上聲升調所影響而產生

的。藉由「詞彙擴散」的原理，強勢的海陸腔上聲調，無意中伸入了豐順腔裡少數的基本詞彙中，而造成少數字中的新調 13 與原有的聲調 11 形成了一種「競爭」但「相安」的情形。

　　（2）13——只讀成 13 調，例：倕 ŋai¹³（我）、這 lia¹³。同上述相似，只有少數字會有此類聲調現象的產生，這有可能是上述「競爭」之後，新調成為「取代者」，如：「這」為常用之指代詞；但也有可能本為固定的調值，如：人稱代名詞「倕」為基本詞彙中的核心部份。此部份基本上可不歸入變調，亦不歸入基本調類中，而視為語言聲調中的一種特殊現象。

　　2. 上、去聲成無定分調（11～33）——在採集的語料中，發現有些字兼讀上、去聲的，如「樹」、「壽」[ʃu¹¹]～[ʃu³³]，在此，筆者語料的呈現以詞彙顯現為何音即記何音。

　　3. 陰陽入混讀——在採集的語料中，發現有些字兼讀陰陽入的，如：「鹿、鐵、雀、角、惻、踏」等字。

　　4. 陰入變成陽入——陰入在其他五調之前大都變成陽入。〔註2〕

陰平 /53/　　　　叔公 ʃuk⁵⁾² kuŋ⁵³

陽平 /55/　　　　叔婆 ʃuk⁵⁾² p'o⁵⁵

陰入 /2/——→陽入 /5/ / __ ｛　上聲 /11/　｝例：　脚底 kiok⁵⁾² te¹¹

陰入 /5/　　　　叔伯 ʃuk⁵⁾² pak⁵

陽入 /2/　　　　竹葉 tʃuk⁵⁾² ʒap²

4.4　異讀字

　　這裡所謂的異讀字（詳見【表4.4】），或因來源的不同、用法的不同，而大致有文讀與白讀、又讀、以及同字異音異義讀等三種情形，但也不排除可能受語言接觸影響而產生又讀音的情形（【表 4.4】打「＊」者），例如中古溪母字之聲母主要讀成 /k'-/，但此類少數字除了讀 /k'-/外，亦會兼讀成 /h-/，如「窟、殼」等。

　　「文讀與白讀」即為讀書音與口語音，依聲、韻、調的變化大致可細分

〔註 2〕調值「5＞2」，表前為本調，後為變調（以下同）。此連讀變調條件同於海陸腔的陰入變調。

為七種類型〔註3〕，並配合【表4.4】的例舉字說明：

1. 聲韻調皆變型，如「話、合」。
2. 聲母和韻母皆變型，如「會、發」。
3. 聲母和聲調皆變型，如「縫、斷」。
4. 韻母和聲調皆變型，如「底、弟」。
5. 聲母改變型，如「還、飛」。
6. 韻母改變型，如「性、明」。
7. 聲調改變型，如「真、近」。

「又讀」指的是某一個字字義相同而音異讀的字，例「窟、殼、然、煙」等；「同字異音異義字」指的是一字有兩個或以上不同的字音，每一字音有其代表的字義，例「樂、長、興」等。以下則例舉豐順腔的異讀字，並配合中古音的攝名、聲類做為參考，黑體字部份則為其聲母、韻母或調值的相異點：

【表4.4】豐順腔異讀字例舉表

中古攝名	中古聲母	異讀字	異讀音	詞彙舉例
止攝	章母	枝	**ki**^{53}	枝冰
			tʃɨ^{53}	荔枝
	心母	絲	**sɨ**^{53}	吊牽絲
			si^{53}	荀絲
		思	si^{53}	相思樹
			sɨ^{53}	思念
			sɨ^{11}	意思
	微母	味	**mi**^{11}	味素
			mui^{33}	味道
	精母	姊	**tse**^{55}	阿姊
			tsi^{11}	姊妹
	崇母	事	**ʃe**^{33}	做事
			sɨ^{33}	同事
	非母	飛	**pui**^{53}	飛行機
			fui^{53}	岳飛

〔註3〕有關七種類型可參考徐貴榮（2002：83～87）。

			tʃʻoi⁵³	炊
	昌母	炊	tʃʻui⁵³	炊粄
遇攝	初母	初*	tsʻo⁵³	年初
			tsʻu⁵³	初一
	來	慮*	li¹¹	愁慮
			lu¹¹	考慮
蟹攝	端母	底	te¹¹	年底
			ti⁵³	底背
	定母	弟	tʻe⁵³	老弟
			tʻi³³	兄弟
	匣母	話*	voi⁵³	講話
			fa¹¹	電話
		會	voi¹¹	會熱死
			fui¹¹	相會
	見母	計	ki¹¹	溫度計
			ke¹¹	計劃
		街	ke⁵³	街路
			kai⁵³	逛街
效攝	以母	搖*	ʒeu⁵⁵	搖頭
			ʒau⁵⁵	搖籃
	書母	燒*	ʃeu⁵³	燒暖
			ʃau⁵³	燒火
	精母	蕉*	tseu⁵³	弓蕉
			tsiau⁵³	弓蕉
	心母	小*	seu¹¹	小學
			siau¹¹	小學
	曉	好	ho¹¹	盡好
			hau¹¹	當好
假攝	見	車	ki⁵³	車馬砲
	昌		tʃʻa⁵³	馬車
流攝	溪母	口	kʻeu¹¹	含口銀
			heu¹¹	口水
通攝	知母	中	tuŋ⁵³	中央
			tʃuŋ⁵³	中央大學
			tʃuŋ¹¹	中風

	澄母	重	tʃʻuŋ⁵⁵	重陽節
			tʃʻuŋ¹¹	重要
	奉母	縫	pʻuŋ³³	裁縫車
			fuŋ⁵⁵	縫（縫隙）
江攝	溪母	殼*	kʻok⁵	麥殼
			hok⁵	竹殼
宕攝	云母	王	oŋ⁵⁵	王（姓氏）
			voŋ⁵⁵	王爺
	影母	央	oŋ⁵³	中央
			ʒoŋ⁵³	中央大學
	心母	相	sioŋ¹¹	相貌
			sioŋ⁵³	相爭
	匣母	行	hoŋ⁵⁵	竹行
			haŋ⁵⁵	旅行
	澄母	長	tʃoŋ¹¹	局長
			tʃʻoŋ⁵⁵	長年
	精母	將	tsioŋ¹¹	將士
			tsioŋ⁵³	將軍
	來母	樂	lok²	快樂
			ŋok²	音樂
梗攝	章母	正	tʃin¹¹	正片
			tʃaŋ⁵³	正月
	生母	生	saŋ⁵³	媽祖生
			sen⁵³	生理
	明母	明	miaŋ⁵⁵	清明
			min⁵⁵	東明村
	清母	清	tsʻiaŋ⁵³	清明
			tsʻin⁵³	清華村
	端母	頂	taŋ¹¹	頂高
			ten¹¹	埔頂村
	來母	鈴	liaŋ¹¹	做鈴
			lin⁵⁵	馬鈴薯

	並母	平	p'iaŋ⁵⁵	平鼻
			p'in⁵⁵	平均
	心母	性	siaŋ¹¹	心性
			sin¹¹	彈性
	莊母	爭	tsaŋ⁵³	相爭
			tsen⁵³	競爭
	見母	激	kep²	激起來
			kit⁵	激動
曾攝	影母	應	en¹¹	應人
			ʒin¹¹	有應公
	曉母	興	hin¹¹	興趣
			hin⁵³	紹興酒
咸攝	匣母	合	hap²	配合
			kap⁵	合藥
			kak⁵	合味
臻攝	見母	筋	kien⁵³	脚筋
			kin⁵⁵	吊筋樀
			kin¹¹	翻筋斗
		根	kien⁵³	蓮根
			kin⁵³	頸根
	溪母	窟*	k'ut⁵	屎缸窟
			fut⁵	酒窟
	非母	分	pun⁵³	分你
			fun⁵³	春分
		近	k'ien⁵³	就近
			k'iun⁵³	當近
			k'iun¹¹	附近
	章母	真	tʃin⁵³	真假
			tʃin¹¹	真的
	來母	輪	lin¹¹	三輪車
			lun⁵⁵	輪到你

			ŋan[11]	牛眼
山攝	疑母	眼*	nien[11]	打眼箭
	非母	發	pot[5]	發病
			fat[5]	發粄
	匣母	還	han[55]	還熱
			van[55]	還錢
	定	斷	t'on[53]	斷烏
	端		ton[11]	斷帶
	見母	關	kuan[53]	開關
			kon[53]	關（姓氏）
		簡	kan[11]	簡（姓氏）
			kien[11]	簡單
		葛	kot[5]	葛（姓氏）
			ket[5]	諸葛亮
	日母	然*	ʒen[55]	雖然
			ʒan[55]	自然
	影母	煙*	ʒen[53]	煙腸
			ʒan[53]	濃煙

4.5　連音變化

連音變化的方向不外乎有同化、異化、省略、合音、音落等。客話中，常見的「犯、法、范」三字的韻尾分為-m、-m、-p，當一字的聲母和韻尾都是唇音的話，就容易產生異化作用而分別成為-n、-n、-t。此種現象在新屋豐順客話中，此三字並未產生異化作用，就連「犯法」二字連讀時為「fam[11] fap[5]」，並無異化，此反而為其特色之一。

新屋豐順客話有幾個音節連讀時，可以產生以下幾種的連音變化：

4.5.1　同化

因前字韻尾受後字聲母之影響，而致使前字韻尾產生同化作用，如：

1. 「駱」lok² →「駱駝」lot² t'o⁵⁵。

2. 「蘭」lan⁵⁵ →「荷蘭豆」ho⁵⁵ lam⁵⁵ t'eu³³。

3. 「綠」liuk² →「綠島」liut² to¹¹。但在唸「綠豆」時，相同的條件卻無音變現象，因此「綠島」的音變可能是受華語文讀音影響而產生的。

4.5.2　省略合音

1. 「洗身帕」（毛巾）se¹¹ ʃin⁵³ p'a¹¹ →「身帕」sen¹¹ p'a¹¹。第二字省略聲母與韻母之主要元音，與前字相結合成/sen¹¹/，聲調隨前字。

2. 「親家姆」（親家母）ts'in⁵³ ka⁵³ me⁵³ →「且姆」ts'ia⁵³ me⁵³。因前字省略韻尾、後字省略聲母而相結合。

3. 「無愛」（不要）mo⁵⁵ oi¹¹ →「嫑」moi⁵³。二字合音成一字並省略其中之一之主要元音，聲調則不同於原先二字。

4. 「你个」（你的）ni⁵⁵ e¹¹，後加親屬詞彙時 →「惹」nia⁵⁵。合音後之韻母不隨後字韻母同化。

5. 「幾多日」（多少天）ki¹¹ to⁵³ nit⁵ →「幾日」kio⁵³ nit⁵，「幾多」之後字省略聲母，與前字相結合成「kio⁵³」，聲調隨前。但在「多少錢」一詞卻有「幾偷銀」ki¹¹ t'eu⁵³ nien⁵⁵、「幾塊銀」keu¹¹ k'eu⁵³ nien⁵⁵ 兩種說法，此「幾」字之韻母可能是受到後字韻母影響而同化。

4.5.3　音落

主要為塞音尾失落或其他，如：

1. 「乞」k'iet⁵ →「乞食」k'e³³ ʃit²。

2. 「織」tʃit⁵ →「織女」tʃɨ⁵³ ŋ¹¹。但在「織女星」一詞之「織」字仍保有塞音尾。

3. 「再」tsai¹¹、「擱」kok⁵ →「再擱過」tsa¹¹ ko¹¹ ko¹¹。

4.6 同音字表

韻	ɿ			
調	陰平	陽平	上聲	去聲
p				
p'				
f				
v				
m				
t				
t'				
n				
l				
ts	資		子籽紫	
ts'		詞慈	自	自
s	笱士（沙～）斯師絲獅思		士數醋自思事史	事私伺字士巳
tʃ	織（～女）枝文脂		指止至紙志誌制旨址	
tʃ'	雉	蚩（雞～）剧	齒痔治	
ʃ	施詩	時匙	屎視是始市試	蒔市
ʒ				
k				
k'				
ŋ				
h				
ɸ				

韻	i			
調	陰平	陽平	上聲	去聲
p	陂蜱碑卑悲	皮（五加～）	髀祕庇比	
p'	被	皮枇被	鼻	鼻備
f				
v	委威		為	慰
m	尾（蜻蜓，囊～）	眉迷	米耳（木～）味美	覓
t	知蜘底（～背）		帝適	
t'		提題	地體	地弟第
n		尼		
l	里裡禮理呂鯉旅	里（七～香）籬狸璃厘梨離	痢荔李利厲勵慮	利
ts			姊棲（鴨～）際	
ts'	霋（新鮮）	徐臍薺荠		
s	西鬚絲思犀		四死	
tʃ				
tʃ'				
ʃ				
ʒ	以衣依醫	余乳（豆腐～）姨寅遺	雨椅意裕譽	
k	枝肌機虼車文箕基飢饑鹼（硼砂）	佢	鋸幾計記己紀矩既技寄句繼	
k'	區欺徛（站）	棋鰭蜞奇旗	汽忌	柿
ŋ	語與	你儀疑	二耳	二
h	希虛		戲氣去肺許器喜	
ɸ				

韻	u			
調	陰平	陽平	上聲	去聲
p	晡哺埔		布脯（菜頭～）補步（百～蛇）	
p'	鋪埔脯（胸～骨）普簿潽補（石臼，舂～）	瓠蒲脯（胸～）符莆葡浦	步孵	孵
f	脯（肉～）埠夫（魯～）富（田～）麩胡呼	芙箳（毛籃，籃～）湖副鬍蝴	戶互負富虎婦腐斧傅附護	婦父
v	烏	無（全身，～身）	武芋務	芋戊霧
m				
t	蛛（蜘～）	堵（～人）	堵（傘鈕，遮～）渡度（溫～計）肚貯賭	
t'		圖	土杜兔度	度渡（帶小孩）
n				
l	滷魯鏽（生銹）	爐鱸盧蘆廬	路露輅（刷子）慮	路
ts	租		祖	
ts'	初粗		助楚	就
s	酥蘇			
tʃ	豬洲珠朱諸		晝煮主蛀	
tʃ'	抽	櫥薯除	住鼠暑丑臭處箸	**處**
ʃ	收書輸	仇蜍薯	壽樹守手暑	壽樹
ʒ				
k	鈷龜（牛屎～）姑菇穀（布～）箍（茶～）佝傴（魚鰭，鰭～）	咕（氣喘，雞～）	鼓牯古	
k'	箍（豆～）	跍（蹲）	褲庫苦	
ŋ				
h		狐		
ɸ				

韻	a			
調	陰平	陽平	上聲	去聲
p	爸芭把（草～蛇）粑笆	汜（屙落～）巴掅	把罷	
p'		耙划扒爬杷	帕鮋	帕
f	花	華	化話畫	畫
v	椏			
m	馬媽碼	蟆嫲麻	罵	
t			打	
t'				
n	拿	那（頭，頭～）		
l	啦（混傢～）	蜊（～蛴）	垃	垃
ts	楂桬		再詐炸軋	炸
ts'	差	茶查	廁	
s	痧沙鯊紗砂	儕	灑續（順便，順～）	
tʃ	遮蔗			
tʃ'	車			
ʃ		蛇	社射舍捨麝	
ʒ	野	爺	扡夜	也夜
k	家加橄傢膠茄		嫁價架假	
k'				
ŋ		牙芽雅		
h	下	蛤蝦霞	較下	下較夏
ɸ	丫（瀾～）亞鴉			阿

韻	ia			
調	陰平	陽平	上聲	去聲
p				
p'				
f				
v				
m				
t			錠（船～）	
t'				
n				
l			這（調值13）	
ts			姐借	
ts'	且（「親家」的合音）		謝	
s			鑲（竹祛拍地聲） 瀉寫	
tʃ				
tʃ'				
ʃ				
ȝ				
k			崎	
k'	區（私～）	蛣擎	祛	
ŋ	惹（頸～～）	若（「你的」合音）		
h	閉（囂張，～箏）			
φ				

韻	ua			
調	陰平	陽平	上聲	去聲
p				
p'				
f				
v				
m				
t				
t'				
n				
l				
ts				
ts'				
s				
tʃ				
tʃ'				
ʃ				
ʒ				
k	瓜	呱	掛卦	
k'			垮	
ŋ				
h				
ɸ				

韻	o			
調	陰平	陽平	上聲	去聲
p	玻波（～螺皺）播		保報	
p'	波（水泡）	婆浮烰	剖破	
f			火伙貨	
v		禾和		
m	毛盲（膏～絕代）磨（～打）	無模		帽磨
t	多刀		著到倒島	
t'	拖	桃駝陀砣萄駝（鴨～）	道討	盜道
n			腦糯	外
l	囉	羅佬鑼螺籮勞鑼（焗～）邏滷	老	囉（落水～）
ts	糟（屙～）		做灶早左棗	
ts'	坐昨初	曹槽鋤	糙座草搓（刷子）	
s	梳蓑挲臊		鎖刷掃所素嫂	
tʃ				
tʃ'				
ʃ				
ʒ				
k	高哥歌膏篙糕	膏（～胭脂）	伙（傢～）過困擱	
k'	科		課可考靠	
ŋ		鵝	餓	
h		何荷河筍	好賀	號
ɸ	屙	蚵	襖哦（語尾詞，調值13）	哦

韻	io			
調	陰平	陽平	上聲	去聲
p				
p'				
f				
v				
m				
t			跺（踩）	
t'				
n				
l				
ts				
ts'			踩（兩脚互搓）	
s			蹴（以脚尖踢）	
tʃ				
tʃ'				
ʃ				
ʒ				
k	幾（～日）			
k'		茄瘸		
ŋ				
h	靴			
ɸ				

韻	e（ke＝kie，k'e＝k'ie）			
調	陰平	陽平	上聲	去聲
p				
p'		排牌		
f	欙（撈～）		鑘（歪）	
v			委（～秧）	
m	姆	埋		
t			塊（一～園）底	
t'	弟	蹄	剃	
n		泥		
l	了（語尾詞）	犁黎	鱧了（語尾詞）	
ts		姊	醜	
ts'	篩鎈	齊	脆	
s			婿細洗眠（斜眼看人）	
tʃ				
tʃ'				
ʃ			世事勢	事
ʒ		椰液（～螺）		
k	雞街	該（那）	屆介計	
k'	溪		契	乞
ŋ			艾蟻	
h	鞋		係	
ɸ	挨		仔（的）矮	

韻	（ie 參見 e）			
調	陰平	陽平	上聲	去聲
p				
p'				
f				
v				
m				
t				
t'				
n				
l				
ts				
ts'				
s				
tʃ				
tʃ'				
ʃ				
ʒ				
k				
k'				
ŋ				
h				
φ				

韻	ai			
調	陰平	陽平	上聲	去聲
p	簈（囂張，閉～）	跛	拜擺	
p'			稗派	敗
f		懷	壞	
v				
m	買		賣	賣
t			帶戴	
t'			大太替泰態待	大太
n	妮（使～）		耐奈（調值 21～13）	
l			賴癩薖	
ts	災齋		載債	
ts'	釵災	裁	綵採彩蔡在	
s	使（～妮）豺(吃)	豺（～蟲）	徙曬	
tʃ				
tʃ'				
ʃ				
ʒ				
k	街（逛～）		个解界介	
k'	挐（扛）			
ŋ			偃（調值 13）	
h		孩	蟹	
φ				

韻	uai			
調	陰平	陽平	上聲	去聲
p				
p'				
f				
v				
m				
t				
t'				
n				
l				
ts				
ts'				
s				
tʃ				
tʃ'				
ʃ				
ʒ				
k	乖		蜗（青蛙）拐柺怪	
k'			筷	
ŋ				
h				
ɸ	歪			

韻	oi			
調	陰平	陽平	上聲	去聲
p			背簸輩	
p'	胚（豬～）肧（粄～）	賠	背（～書）配焙	倍背（～淨淨）
f	灰			
v	話		會	
m	嫑（不要）	糜梅媒脢	妹	
t	堆跢（～倒）		碓	
t'	梯胎	臺苔台	袋代	袋
n				
l		來		
ts				
ts'		財材	菜	
s	鰓衰		賽歲	
tʃ			嘴	
tʃ'	炊			
ʃ			稅睡	睡
ʒ				
k	該䫘（雞～）		蓋改	
k'	開		慨	
ŋ	鑛（～～滾）		外	外
h		頦（～鰓）痎	海害	亥
ф	孃（爺～）		愛	

韻	ui			
調	陰平	陽平	上聲	去聲
p	杯飛		貝痱（熱～）	
p‘		肥		
f	飛非	缶回	費匯廢	會
v		圍	畏（膩）位胃衛	位未衛
m	尾			味
t	追		最（～頂高）對掁（～魚）	
t‘	推			退
n			內	內
l		蕊雷擂	縲	銇
ts			嘴最醉	
ts‘	催	槌錘		罪
s	荽雖	垂隨	髓	
tʃ				
tʃ‘	炊		墜	
ʃ			水	
ȝ				
k	龜歸規		桂季鬼貴癸	
k‘	虧		櫃跪瞶（跩，～頭）	櫃
ŋ				魏
h				
ɸ				

韻	au			
調	陰平	陽平	上聲	去聲
p	包胞鮑		暴飽	
p'		刨	炮砲	
f				
v				
m	卯	茅	貌	
t		投（形～）骰（拖～）		
t'				
n			鬧	
l			落	
ts	燥		爪	
ts'	抄		炒	
s				
tʃ				
tʃ'				
ʃ	燒	韶		
ʒ	枵（肚屎～）	搖		
k	膏交		酵教誥絞笅狡搞	
k'		峝（～皮）		
ŋ		咬（程～金）		
h			孝效好	
ɸ	拗		拗	

韻	iau			
調	陰平	陽平	上聲	去聲
p	飆標			
p'		薸	票	
f				
v				
m		猫（～眉竹）	廟	廟
t	鳥		吊釣	
t'		條調	跳	
n				
l	撩鐐	寮	嬲了	料嬲廖
ts	椒蕉		醮	
ts'		樵		
s	蕭簫		笑鞘小	
tʃ				
tʃ'				
ʃ				
ʒ				
k	嬌轎		攪繳	
k'		蹻橋	翹蹺	
ŋ		饒蟯	貓尿	
h				
ɸ				

韻	eu（keu = kieu，k'eu = k'ieu）			
調	陰平	陽平	上聲	去聲
p			錶表	
p'	、			
f				
v				
m				
t	兜		寶斗篼	
t'	偷	頭投	透	豆餿（～魚）荳
n		醲（血～）	鈕	
l		撈樓牢		漏
ts	鄒蕉		走	
ts'			湊趖	
s		愁	小	
tʃ	朝		照	
tʃ'	超	潮		
ʃ	燒		少邵紹	
ʒ	夭腰么邀	搖	要鷂	
k	溝勾	鈎	狗幾（～塊銀）	
k'	塊（幾～銀）		鈕口文扣（手～）	
ŋ		牛		
h		猴侯喉	口後后	後
ɸ	歐		嘔熰	

韻	iu			
調	陰平	陽平	上聲	去聲
p				
p'		漂		
f				
v				
m				
t	丟	銩		
t'				
n				
l	柳溜	流留硫劉		
ts	瞅（豬目～）	啾（阿～唧）	酒綹皺	
ts'	秋鰍啾（哈～）	袖泅	袖就	
s		黍修	秀繡	
tʃ	周			
tʃ'	抽	綢		
ʃ				
ʒ	有友酉	尤油游郵魷遊	柚幼	佑柚
k		糾	九久究韭救	
k'	臼舅	球虯	舊	
ŋ				
h	邱休			
ɸ				

韻	im			
調	陰平	陽平	上聲	去聲
p				
p'				
f				
v				
m				
t				
t'				
n				
l		臨林淋		
ts		蟳	唚（吻）浸	
ts'		蟳尋		
s	心			
tʃ	針榛		枕	
tʃ'	深	沉（～香）	沉（～荀）	
ʃ			沈	
ʒ	音陰		飲	
k	金		禁	
k'	襟	琴		
ŋ				
h	欣		熻	
φ				

韻	ip			
調	陰入	陽入		
p				
p'				
f				
v				
m				
t				
t'				
n				
l	笠	立		
ts		入（搓粄，～粄）		
ts'				
s	息	習		
tʃ	汁			
tʃ'				
ʃ	濕	十		
ʒ				
k	急			
k'				
ŋ		入		
h				
ɸ				

韻	am			
調	陰平	陽平	上聲	去聲
p				
p'				
f			范犯	
v				
m				
t	擔		膽	
t'	淡貪	痰		
n	男	男南	濫（～泥）	
l		籃蘭（荷～豆）藍	覽欖	
ts	簪		站棧	
ts'	參	蠶	杉讖暫慘	
s	三衫		糝	
tʃ	詹			
tʃ'				
ʃ		蟾蟬		
ʒ	閹	炎鹽簷	焰	
k	甘柑		感敢減	
k'		崁（田～）	崁撖（～頭櫃）	
ŋ	頷	搭（狗～）		
h		含鹹涵		
φ	醃		暗	

韻	ap			
調	陰入	陽入		
p				
p'				
f	法			
v				
m				
t	搭答	搭（零～）搭（石～）		
t'	塔踏	踏		
n		納		
l		蠟		
ts				
ts'	插			
s	圾	煠		
tʃ	摺			
tʃ'				
ʃ				
ʒ		葉		
k	甲胛莢袷合（～藥）頰鴿			
k'				
ŋ				
h	盍（發～）	合盒		
ɸ	鴨壓			

韻	iam			
調	陰平	陽平	上聲	去聲
p				
p'				
f				
v				
m				
t			點店	
t'	添	甜	痶（累）	
n				
l		鐮		殮
ts	尖			
ts'	籤簽			
s				
tʃ				
tʃ'				
ʃ				
ʒ				
k			撿劍	
k'	橄謙	鉗	欠歉	
ŋ	拈瞼	嚴釅	念捻（一～柑）唸染	
h		嫌	險	
ɸ				

韻	iap			
調	陰入	陽入		
p				
p'				
f				
v				
m				
t				
t'	墊碟貼帖			
n				
l				
ts	接			
ts'				
s				
tʃ				
tʃ'				
ʃ				
ʒ				
k	夾挾劫	挾		
k'				
ŋ	矖（～亮）埝（～鼻）	業		
h	協	峽		
ɸ	吸			

韻	em（kem＝kiem，k'em＝k'iem）			
調	陰平	陽平	上聲	去聲
p				
p'				
f				
v				
m				
t			沈（矮胖，～豬嫲）	
t'				
n	淰（滿）			
l				
ts	砧			
ts'			鑱（～鎈，調值13）	
s	蔘森		捧（吃，捹）	
tʃ				
tʃ'				
ʃ				
ʒ				
k				
k'		撳（～頭櫃）		
ŋ				
h				
ɸ				

韻	ep（kep＝kiep）			
調	陰入	陽入		
p				
p'				
f				
v				
m				
t				
t'				
n				
l	笠			
ts				
ts'				
s	澀			
tʃ				
tʃ'				
ʃ				
ʒ				
k		激（浪花激起意）		
k'				
ŋ				
h				
ɸ				

韻	in			
調	陰平	陽平	上聲	去聲
p	兵冇（釣～）		摒（屎～）	
p'		平貧屏憑		
f			拂（～頭）	
v				
m	眠（～帳）	眠明民		
t				
t'		亭淳（～茶）		訂定
n		寧		
l		屖（畫虎～）吟鈴麟鄰	輪（三～車）	
ts	精		進靜	
ts'	親清		盡	盡
s	新先辛		信性	
tʃ	真蒸		正症政鎮真證整	
tʃ'	稱	陳	秤	
ʃ	身申升	塍（田～）臣晨神承丞成辰	聖	
ʒ	引因姻英	壬仁蠅	印應	
k	經今根	筋（吊～槓）	景緊競敬警筋（翻～斗）	
k'	胗	芹輕		
ŋ		人	認	
h	興	暈形	興	
ɸ				

韻	it			
調	陰入	陽入		
p	畢筆鵯			
pʻ	嗶	避蝠		
f	拂（丟掉）			
v				
m				
t	適（〜圓圈）			
tʻ		特		
n				
l		力歷		
ts	唧（娘婆〜）鯽漬責績	唧（〜鼠）蝍		
tsʻ	七戚膝惻	惻漆		
s				
tʃ	職織			
tʃʻ		直姪蟄		
ʃ	識式	食實		
ʒ	一	翼		
k	幾（〜久）桔吉激			
kʻ		極		
ŋ	日			
h				
φ				

韻	an			
調	陰平	陽平	上聲	去聲
p	斑搬		半粄板扮	
p'	潘拌伴	盤攀	判	辦
f	番蕃翻樊	煩繁	反	
v		環灣還頑	換碗萬腕	
m	滿屘	蠻饅鰻		慢
t	丹單		旦	
t'		簞彈	炭毯	
n	懶	難		
l		欄蘭瀾攔	爛	爛
ts			盞	
ts'		殘		
s	山		產	
tʃ	秥		戰	
tʃ'				
ʃ				
ʒ	鴛煙	然	燕	
k	奸		簡	
k'				
ŋ	研		眼	
h		還	蜆	莧
φ			腕	

韻	at			
調	陰入	陽入		
p	八缽	菝		
p'	潑撥（～草）	脖		
f	發活			
v		猾劃		
m	抹襪			
t				
t'		達		
n				
l	煉	辣		
ts				
ts'	擦（剗）察	蚻		
s	煞			
tʃ				
tʃ'	掣			
ʃ				
ʒ	乙			
k				
k'	刻			
ŋ	噧			
h	哈			
ɸ				

韻	uan			
調	陰平	陽平	上聲	去聲
p				
p'				
f				
v				
m				
t				
t'				
n				
l				
ts				
ts'				
s				
tʃ				
tʃ'				
ʃ				
ʒ				
k	關		灌罐慣	
k'				
ŋ				
h				
ɸ				

韻	uat			
調	陰入	陽入		
p				
p'				
f				
v				
m				
t				
t'				
n				
l				
ts				
ts'				
s				
tʃ				
tʃ'				
ʃ				
ʒ				
k	刮嘓（蛙叫聲）			
k'	闊			
ŋ				
h				
ɸ				

韻	on			
調	陰平	陽平	上聲	去聲
p				
p'			飯	飯
f	歡			
v				
m				
t			短斷（～帶）	
t'	斷	團	段	
n	暖			
l		健（雞～）	卵	
ts			鑽	賺
ts'		全	賺	
s	酸桑（酸）		蒜算	
tʃ	磚		轉	
tʃ'	川		串傳	
ʃ		船		
ʒ				
k	肝棺菅觀竿乾干官關蛙		稈管館	
k'	寬		看	
ŋ				
h	旱	寒	汗漢	
ɸ	安		案	

韻	ot			
調	陰入	陽入		
p	發			
p'				
f				
v				
m				
t				
t'	脫			
n				
l		駱（～駝）捋（～脚）		
ts				
ts'				
s				
tʃ				
tʃ'				
ʃ				
ʒ				
k	割葛			
k'		硈（撞擊）		
ŋ				
h	渴			
ɸ				

韻	ion			
調	陰平	陽平	上聲	去聲
p				
p'				
f				
v				
m				
t				
t'				
n				
l				
ts				
ts'	吮			
s				
tʃ				
tʃ'				
ʃ				
ʒ				
k				
k'				
ŋ	軟			
h				
ɸ				

韻調	陰入	陽入		
p				
p'				
f				
v				
m				
t				
t'				
n				
l				
ts				
ts'				
s				
tʃ				
tʃ'				
ʃ				
ʒ				
k				
k'				
ŋ				
h				
ɸ				

韻	en			
調	陰平	陽平	上聲	去聲
p	冰檳崩			
p'		朋		
f				
v				
m				
t	丁燈釘疔（發～） 苳蹬（跍脚尖）登		頂凳等	鄧
t'	聽廳	藤滕		
n	奶		奶（樹～索）	
l	冷	伶零		
ts	爭罾（～魚）		甑	贈
ts'		層		
s	生牲先		省擤	身（「洗 se 身 ʃin」 的合音，～帕）
tʃ				
tʃ'				
ʃ			扇傘善鱔	
ʒ	煙冤胭	園芫員圓袁丸然 原緣	遠縣	
k	更經筋（脚～）		更	
k'				
ŋ				
h		絚（火氣～）	杏肯	
φ	鷹恩		應	

韻	et			
調	陰入	陽入		
p	北逼			
p'				
f				
v	挖			
m		墨		
t	得			
t'	忒踢	笛翟		
n	朆			
l				
ts	折側			
ts'	側（～角）			
s	虱蝨色塞			
tʃ				
tʃ'				
ʃ		舌		
ʒ				
k	葛			
k'				
ŋ				
h				
φ				

韻	ien			
調	陰平	陽平	上聲	去聲
p	邊辮		扁	
p'	偏		片遍騙便	便
f				
v				
m	勉	綿棉	面麵	麵
t	癲		典	
t'	天	田	電	電
n				
l		蓮鰱嗹連聯簾		楝鍊練
ts			箭剪	
ts'		錢前	淺	
s	仙鮮暹		線癬	
tʃ				
tʃ'				
ʃ				
ʒ				
k	間斤肩根（茅～） 巾莖筋（腳～）		見簡薦	
k'	圈牽近（就～）	凝（～錢）拳	褰弮券勸健	件
ŋ		年銀	眼	
h		弦	現羴（氣味）蜆	
ɸ				

韻	iet			
調	陰入	陽入		
p				
p'		別撇		
f				
v				
m				
t	跌			
t'	鐵	鐵		
n				
l				
ts	節			
ts'	切	絕		
s	雪薛			
tʃ				
tʃ'				
ʃ				
ʒ				
k	結歟			
k'	缺	蹶		
ŋ		月熱		
h	歇血			
ɸ				

韻				
調	陰平	陽平	上聲	去聲
p				
p'				
f				
v				
m				
t				
t'				
n				
l				
ts				
ts'				
s				
tʃ				
tʃ'				
ʃ				
ʒ				
k				
k'				
ŋ				
h				
ɸ				

韻	uet			
調	陰入	陽入		
p				
p'				
f				
v				
m				
t				
t'				
n				
l				
ts				
ts'				
s				
tʃ				
tʃ'				
ʃ				
ʒ				
k	國蟈（大肚～）			
k'				
ŋ				
h				
ɸ				

韻	iun			
調	陰平	陽平	上聲	去聲
p				
p'				
f				
v				
m				
t				
t'				
n				
l				
ts				
ts'				
s				
tʃ				
tʃ'				
ʃ				
ʒ				
k	君軍			
k'	近	裙	近	
ŋ	忍			韌
h		痕		訓
ɸ				

韻	iut			
調	陰入	陽入		
p				
p'				
f				
v				
m				
t				
t'				
n				
l		綠（～島）律（～師）		
ts				
ts'				
s				
tʃ				
tʃ'				
ʃ				
ʒ				
k				
k'				
ŋ				
h				
ɸ				

韻	un			
調	陰平	陽平	上聲	去聲
p	分（～你）		本畚	
p'	賁（厚）	盆噴	迸（～屎龜）笨	
f	分婚葷昏	焚魂	粉混份	份
v	溫塭	文聞坟	搵穩	
m	蚊	門危	問	
t	墩		頓（磚～）扽（以膝蓋撞）	
t'	吞	豚		
n	輪（頸～～）	嫩		
l		輪	碖（～石）	
ts	尊遵			
ts'	村		寸	
s	孫	巡	筍損	
tʃ			圳準（～備）準（調值 13，一～禾稈）	
tʃ'	春			
ʃ		脣唇純	順	順
ʒ		雲	熨閏	運
k	均		棍滾	
k'			困綑睏	
ŋ				
h				
ɸ				

韻	ut			
調	陰入	陽入		
p				
p'				
f	拂窟（酒～）	佛核		
v	窟（屎～）	物		
m				
t				
t'	捹			
n				
l				
ts		卒		
ts'				
s	戌	術		
tʃ				
tʃ'	出			
ʃ				
ʒ				
k	骨			
k'	窟堀			
ŋ				
h				
ɸ				

韻 調	aŋ			
	陰平	陽平	上聲	去聲
p	挷（拔）			
p'		埲（～頭）彭棚	冇（～瓠）	
f				
v		恆橫（～山）		橫（～光）
m		亡	蜢	
t	瞪		頂	
t'				
n			另爁（矅～）躝（用力踩貌）	
l		行（自～車）		
ts	爭睜（手～）			
ts'				
s	生甥鉎聲			
tʃ	正			
tʃ'		程裎		鄭橙
ʃ		城		
ʒ	縈	迎行（飛～機）	影	
k	庚耕羹			
k'				
ŋ			硬	硬
h		行		
φ	盎甖			

韻	ak			
調	陰入	陽入		
p	伯擘百跋（爬）			
p'	魄	白		
f				
v				
m	搣（打缸～）麥麼	賈（薃苣）搣		
t	逐（～日）			
t'	搨			
n				
l	壢	曆		
ts	砠（～錢）摘			
ts'		柵		
s	析（瓦～）			
tʃ	隻			
tʃ'	尺赤			
ʃ		石		
ʒ		蝶		
k	合篙（籬～）			
k'				
ŋ				
h	客	核（～卵）		
φ	鍔軛扼（握）			

韻	iaŋ			
調	陰平	陽平	上聲	去聲
p			丙餅柄	
p'		平坪		病
f				
v				
m	盲	名明		命
t				
t'				
n				
l	領嶺	嚇	鈴（謎語）	
ts	靚精		井	
ts'	青清		淨請	淨（～俐）
s	星腥		姓性醒	
tʃ				
tʃ'				
ʃ				
ʒ				
k	驚		鏡頸	
k'				
ŋ				
h				
ɸ				

韻	iak			
調	陰入	陽入		
p	壁	擗（～腦）		
p‘				
f				
v				
m				
t		的（～鼓）		
t‘				
n				
l		簾（毛籃，～箏）		
ts	跡			
ts‘		蓆		
s	錫			
tʃ				
tʃ‘				
ʃ				
ʒ				
k				
k‘	屐			
ŋ	額			
h				
ɸ				

韻	uaŋ			
調	陰平	陽平	上聲	去聲
p				
p'				
f				
v				
m				
t				
t'				
n				
l				
ts				
ts'				
s				
tʃ				
tʃ'				
ʃ				
ʒ				
k			梗	
k'				
ŋ				
h				
ɸ				

韻 調	陰入	陽入		
p				
p'				
f				
v				
m				
t				
t'				
n				
l				
ts				
ts'				
s				
tʃ				
tʃ'				
ʃ				
ʒ				
k				
k'				
ŋ				
h				
ɸ				

韻	oŋ			
調	陰平	陽平	上聲	去聲
p	幫		磅榜搒（～菜）放（～送頭）	
p'	蚌幫（～浦車）	旁	膨椪	
f	方	防房皇鳳篁（～風）	訪	
v	往	黃王（～爺）礦	枉	
m		芒盲文	望	望
t	當		擋	
t'	湯	塘堂糖唐	蕩	
n		囊		
l	朗（菜頭～）	郎榔廊	浪	
ts	裝莊庄			
ts'	倉	床	臟撞	撞
s	霜喪		爽	
tʃ	張章樟		掌脹帳長漲	
tʃ'	丈昌	腸長	唱	
ʃ	上傷	常	上尚賞	尚
ʒ	秧央文養（～豬）鴦	洋羊陽楊	樣	樣
k	光江缸崗	笐（銅～）	鋼降槓港廣講	
k'	糠康慷	槺	囥（躲藏）焢	
ŋ	昂			
h		行杭降	巷	巷
ɸ	央逛	王（姓氏）		

韻	ok			
調	陰入	陽入		
p	卜泊博	駁		
p'	粕	薄雹啵（嗶～）		
f				
v		鑊		
m		莫膜		
t		剁		
t'	托託	擇（～菜）		
n				
l	洛（熟透意）	樂落		
ts	桌卓作			
ts'				
s	索塑			
tʃ				
tʃ'		著		
ʃ		勺		
ʒ	約	浴藥		
k	角各郭覺	角		
k'	殼確			
ŋ		岳樂鱷		
h	殼	學鶴		
ɸ	惡			

韻	ioŋ			
調	陰平	陽平	上聲	去聲
p	枋		放	
p'				
f				
v				
m			網	
t		長（～錢）		
t'				
n				
l	倆（該～時）	輛涼糧粱梁樑	量亮兩（調值21，13）	
ts	將		醬漿蔣將（～士）獎	
ts'	鯧	牆	像搶	
s	相箱廂襄（脚～）	詳	象想相（丞～）	匠
tʃ				
tʃ'				
ʃ				
ʒ				
k	薑姜			
k'		強		
ŋ		娘	讓	
h	香鄉		向響	
ø				

韻	iok			
調	陰入	陽入		
p		贌（～屋）縛		
p'				
f				
v				
m				
t				
t'				
n				
l				
ts				
ts'	雀	**躍雀**		
s	削			
tʃ				
tʃ'				
ʃ				
ȝ				
k	脚钁			
k'				
ŋ		弱		
h				
ɸ				

韻	iuŋ			
調	陰平	陽平	上聲	去聲
p				
p'				
f				
v				
m				
t				
t'				
n				
l		膿龍		
ts				
ts'		松		
s			誦	
tʃ				
tʃ'				
ʃ				
ʒ				
k	弓芎恭			
k'		窮		虹共
ŋ				
h	兄胸兇	雄		
ɸ				

韻	iuk			
調	陰入	陽入		
p				
p'				
f				
v				
m				
t				
t'				
n				
l	六	陸綠		
ts				
ts'				
s	粟熟俗	續		
tʃ				
tʃ'				
ʃ				
ӡ				
k	逐	趜		
k'	菊麴曲	局		
ŋ	肉	玉		
h	畜			
ɸ				

韻		uŋ		
調	陰平	陽平	上聲	去聲
p				
p'	蜂棚（～斗）	篷馮芃（樹～）		縫
f	風封	紅洪縫	**鳳**	
v	翁		蕹	
m		朦濛		夢
t	冬東中		棟捅	
t'	通	銅筒同童	桶統	動洞
n		膿濃		
l	聾籠	窿隆龍籠礱		
ts	宗棕鬃		粽總	
ts'	蔥窗囪	從		
s	雙鬆		送宋	
tʃ	中文鍾鐘舂椿		中種腫眾	
tʃ'	衝	蟲重	銃塚重	
ʃ				
ʒ	永	癰茸榕蓉榮	用勇	
k	蚣公工			
k'	空		孔	
ŋ				
h				
ɸ				

韻	uk			
調	陰入	陽入		
p	腹			
p'	撲覆	布（～穀）		
f	福	服		
v	屋			
m	目木	沐		
t	啄督			
t'		讀毒		
n		蠕（蛙～）		
l	鹿祿	鹿磟露錄		
ts	捉	族		
ts'	嗽			
s	速			
tʃ	燭竹			
tʃ'		礑		
ʃ	叔	贖		
ʒ		育		
k	角（雞～）穀			
k'				
ŋ				
h				
ɸ				

韻	m̩（成音節鼻音）			
調	陰平	陽平	上聲	去聲
p				
p'				
f				
v				
m		毋		
t				
t'				
n				
l				
ts				
ts'				
s				
tʃ				
tʃ'				
ʃ				
ʒ				
k				
k'				
ŋ				
h				
ɸ				

韻	ŋ̍（成音節鼻音）			
調	陰平	陽平	上聲	去聲
p				
p'				
f				
v				
m				
t				
t'				
n				
l				
ts				
ts'				
s				
tʃ				
tʃ'				
ʃ				
ʒ				
k				
k'				
ŋ			午	
h				
ɸ		魚吳蜈	女五（調值 21，13）	

第五章　音韻比較

以下【表 5.2】新屋豐順話與中古音聲母比較表（見 5.1 節）與【表 5.4】新屋豐順話與中古音韻母比較表（見 5.2 節），製作說明：

1. 【表 5.2】與【表 5.4】的製作以筆者調查新屋豐順話客話約 1900 個常用字為依據。對於方言字暫不納入表中，但含習已為用並「可能」為本字之字，並列出特殊字以為參考。

2. 【表 5.2】中，[ ]方括弧內之聲母，表出現的字數較少；有二聲母（或以上）並列時，則表出現的字數相當；「～」表無定分音。

5.1　聲母的共時與歷時比較

5.1.1　與中古音的比較

【表 5.2】中有少數之字較不符合規律變化，此或反映早期的語音現象；或表其字另有來源；或本字另有其他；抑或屬其他因素，如，語言接觸的影響等等，在此一併列出並舉字例【表 5.1】，配合【表 5.2】相互參考：

【表 5.1】新屋豐順話與中古音聲母比較表特殊聲母字舉例

特殊聲母 字舉例　古聲母	全清	次清	全濁	次濁	全清 （擦）	全濁 （擦）
重唇（幫系）		p 玻泊粕		ȵ 貓；v 戊		
輕唇（非系）	p' 蝠	h 肺				
舌頭（端泥系）	t' 簞訂			n 懶濫		

		全清	次清	全濁	次濁	全清（擦）	全濁（擦）
舌上（知系）				t 瞪；t'擇			
齒頭（精系）		ts'災雀；	s 醋	ts 贈靜族；s 字匠		ts 燥棲；ts'擦膝松嗽；ʃ 傘	
正齒附半齒	莊系（照二）			ts 棧；s 士事 ʃ 事；k'柿		ts'杉參篩	
	章系（照三）	ts 折 k 枝	ts'鯧	s 術		ts 嬸；s 黍身 tʃ 春；tʃ'深暑鼠	s 熟垂
牙音（見系）		k'蹶菊；ȵ 瞼	k 荸；f 窟；v 窟	k 競崎			
喉音（影系）	開口					ʒ 枒	
	合口				ø 王；h 雄	ø 歪；k 伙	p'划瓠；k'虹；ʒ 縣丸；h 還狐
	洪音						ŋ 領
	細音				ts'躍		k 合挾莝；ʃ 覡

【表 5.2】新屋豐順話與中古音聲母比較表

古清濁及演變條件 ／ 古母今讀 ／ 古聲母及演變條件		全清	次清	全濁	次濁	全清（擦）	全濁（擦）
重唇（幫系）		幫：p [p']	滂：p' [p]	並：p' [p]	明：m[n̩, v]		
輕唇（非系）		非：f, p [p']	敷：f, p'[h]	奉：f, p'	微：v, m		
舌頭（端泥系）		端：t [t']	透：t'	定：t' [t]	泥（娘）：n[n̩] 來：l [n]		
舌上（知系）		知：tʃ, ts, t	徹：tʃ'～ts'	澄：tʃ', ts' [t, t']			
齒頭（精系）		精：ts [ts']	清：ts' [ts, s]	從：ts' [ts, s]		心：s [ts, ts', ʃ]	邪：s, ts'
正齒附半齒	莊系（照二）	莊：ts～tʃ	初：ts'	崇：ts',s, [ts, ʃ, k']		生：s [ts']	
	章系（照三）	章：tʃ [ts,k]	昌：tʃ'[ts']	船：ʃ [s]	日：n̩, ʒ（細音）	書：ʃ [ts, s]	禪：ʃ [s]

牙音（見系）		見：k [k',ɳ]	溪：k', h [k, f, v]	群：k'[k]	疑：n, ŋ		
喉音（影系）	開口	影：v, ø, ʒ				曉：h [ʒ]	
	合口	影：ʒ		云：v [ø, h]（合口細音）		曉：h, f [ø, k]	匣：f [p', k', ʒ, h]
	洪音	影：v, ø					匣：f, v, h, k, ʒ [ŋ]
	細音	影：v, ø, ʒ		云：ʒ　以：ʒ [ts']			匣：h, [k, ʃ]

說明：

1. 中古全濁聲母除匣母部份變為次濁聲母 v、ʒ 外，其餘不分平仄，大多變為送氣清音，但有部份成不送氣清音。例如：（以下舉濁塞音為例說明）

古濁塞音＼今音演變	送氣清音例字	不送氣清音例字
並母	簿 p'u^{53}、平 p'iaŋ^{55}	罷 pa^{11}、暴 pau^{11}
定母	杜 t'u^{11}、圖 t'u^{55}	肚 tu^{11}、渡 tu^{11}
群母	球 k'iu^{55}、舅 k'iu^{53}	崎 kia^{11}

2. 輕唇字（非系），部份仍唸重唇（幫系），保有「古無輕唇音」。例：「發」有唸 fat^5 與 pot^5，或「分」有唸 fun^{53} 與 pun^{53}；其它唸重唇的例字亦有肥 p'ui^{55}、馮 p'uŋ^{55}……等等。

3. 客家話的 v 聲母，除出現在微母字外（例：文 vun^{55}、武 vu^{11}），亦出現在影、匣、云、明、疑母字（例：碗 van^{11}、禾 vo^{55}、王 voŋ^{55}、戊 vu^{11}、頑 van^{55}）。另部份微母字聲母亦有唸成 m-，如：蚊 mun^{53}、問 mun^{11}。

4. 鼻音聲母，除 m-，n-，ŋ- 之外，另有舌面鼻音 ɲ-，且多數出現在日、疑母，少數出現在齊齒呼的泥母，例：年 ɲien^{55}、尿 ɲiau^{11}（但「尼、寧」分唸「ni^{55}、nin^{55}」為例外），以及出現在見母的特例字「臉 ɲiam^{53}」及明母的「貓 ɲiau^{11}」。

5. 來母字唸成 n- 的，只有少數字如：懶 nan^{53}、濫 nam^{11}。

6. 中古知母字，少部份唸成舌頭音（端母），保有「古無舌上音」之特色。例：啄 tuk^5、中 tuŋ^{53}、貯 tu^{11}。

7. 知、章系的聲母有的唸成 ts-、ts'-、s-，有的唸成 tʃ-、tʃ'-、ʃ-，含有兩套塞擦音、擦音系統。知、章系的多數字，以及莊系的少數字，其兩套塞擦

音、擦音系統會成無定分音狀態，但並非均如此亦會呈現對立，故在此仍分立成兩套符號 ts-、ts'-、s-與 tʃ-、tʃ'-、ʃ-。而精系大多很規律的呈現 ts-、ts'-、s-走向，但少數的精母字會唸成送氣音，例：雀 ts'iok⁵、災 ts'ai⁵³。

8. 中古見母字，後接洪或細音時，大多保持舌根音，而不似華語顎化成 tɕ-、tɕ'-、ɕ-。不過少數字會唸成 k'-與 n-，例：蹶 k'iet²、菊 k'iuk⁵、瞼 niam⁵³。溪母字，少數則唸成 h-、k-、f-，例：殼 hok⁵、口 heu¹¹、芎 kiuŋ⁵³、窟 fut⁵，從這少數字來看，其大多亦可讀成 k'-，此類溪母字多數是讀成 k'-，會產生 h-、f-的現象應是受當地語言的影響（因此類字在當地海陸話多讀成 h-或 f-）。群母字則有少數讀成不送氣音，如：崎 kia¹¹。

9. 疑母字，聲母後接 i 時唸 n-（例：玉 niuk²、銀 nien⁵⁵），否則唸成ŋ-（例：研ŋan⁵³、眼ŋan¹¹），或成音節鼻音 ŋ（例：五 ŋ̍¹¹、吳 ŋ̍⁵⁵）。

10. 影母字之零聲母ø-只出現在開口音，ʒ-只出現在細音；曉母字與合口呼拼合時，大部份會唸成 h-或 f-兩種情形；匣母字的聲母則呈現九種多樣性的唸法，而 f-、v-、p'-、k'-、ŋ-只出現在洪音，如：壞 fai¹¹、禾 vo⁵⁵、划 p'a⁵⁵（或做「扒」字）、瓠 p'u⁵⁵、虹 k'iuŋ³³（或做「弓」字）、頷ŋam⁵³；云、以母字均只出現在細音。

5.1.2 與其他豐順話及相關方言的比較〔註1〕

新屋豐順話與當地海陸話的聲母種類相同，但其最大的差別在於部份中古溪母字的聲母不同，以及「飯」字的讀法不同，此兩點將說明於下。

至於新屋豐順話與其他地區的豐順話及相關方言的比較，則舉較特別之說明如下，而有關豐順縣周圍的方言比較，如：饒平、揭西、五華、大埔、梅縣等，則可參考溫秀雯（2003），在此則不重覆比較。

〔註1〕本文相關方言語料來源以及敘述代稱：
　　呂屋豐順話（本文以「新屋豐順」稱之）——為筆者所調查。
　　新屋海陸話（本文以「新屋海陸」稱之）——為筆者所調查。
　　新屋四縣話（本文以「新屋四縣」稱之）——為筆者所調查。
　　苗栗四縣話（通行腔，本文以「苗栗四縣」稱之）——羅肇錦（1990）。
　　新竹海陸話（通行腔，本文以「新竹海陸」稱之）——羅肇錦（1990）、盧彥杰（1999）。
　　觀音豐順話——溫秀雯（2003）。
　　湯坑、八鄉、豐良、茶背豐順話——高然（1999）、《豐順縣志》（1995）。
　　在音韻比較時，若海陸話與新竹海陸同，或四縣話與苗栗四縣同時，則不再舉新竹海陸或苗栗四縣。

1. 精莊、知章組的分合

中古聲母	新屋豐順	觀音豐順	湯坑豐順	新屋四縣	苗栗四縣	新屋海陸	新竹海陸
精組	ts, ts', s	ts, ts', s	ts, ts', s	ts, ts', s	ts, ts', s	ts, ts', s	ts, ts', s
莊組	ts~tʃ, ts'~tʃ', s~ʃ	ts, ts', s	ts, ts', s	ts~tʃ, ts'~tʃ', s~ʃ	ts, ts', s	ts~tʃ, ts'~tʃ', s~ʃ	ts, ts', s
知組	tʃ~ts, tʃ'~ts, ʃ~s	tʃ, tʃ', ʃ	tʃ, tʃ', ʃ	tʃ~ts, tʃ'~ts, ʃ~s	ts, ts', s	tʃ~ts, tʃ'~ts, ʃ~s	tʃ, tʃ', ʃ
章組	tʃ~ts, tʃ'~ts, ʃ~s	tʃ, tʃ', ʃ	tʃ, tʃ', ʃ	tʃ~ts, tʃ'~ts, ʃ~s	ts, ts', s	tʃ~ts, tʃ'~ts, ʃ~s	tʃ, tʃ', ʃ

例字

中古聲母	新屋豐順	觀音豐順	湯坑豐順	新屋四縣	苗栗四縣	新屋海陸	新竹海陸
節精	tsiet^7	tsiet^7	tsiet^7	tsiet^7	tsiet^7	tsiet^7	tsiet^7
初初	ts'u^1 tʃ'u^1	ts'u^1	ts'u^1	ts'u^1 tʃ'u^1	ts'u^1	ts'u^1 tʃ'u^1	ts'u^1
豬知	tʃu^1 tsu^1	tʃu^1	tʃu^1	tʃu^1 tsu^1	tsu^1	tʃu^1 tsu^1	tʃu^1
樹襌	ʃu^6 su^6	ʃu^6	ʃu^6	ʃu^6 su^6	su^6	ʃu^6 su^6	ʃu^6

　　在新屋豐順話，中古莊、知、章系聲母 tʃ-、tʃ'-、ʃ-與 ts-、ts'、s-大部份成無定分音，與精系聲母 ts-、ts'、s-則成對立。同樣的情形亦出現在當地的海陸話及四縣話（或稱四海話〔註2〕，以下本文仍各別稱呼之）之中，此種現象顯示客語的 tʃ-、tʃ'-、ʃ-與 ts-、ts'、s-有合併的趨勢，抑或完全成為無定分音，抑或只剩存少數特定之字成對立。

〔註2〕「四海話」最早由羅肇錦提出，參見《臺灣客家族群史》【語言篇】，頁234～239。以新屋當地的四縣話為例，其聲調是以四縣調為主，但聲母、韻母及詞彙卻有海陸話的特色；同樣的，當地的海陸話，其聲調是以海陸調為主，但聲母、韻母及詞彙卻有四縣話的特色，此或稱之為「海四話」。而當地的「豐順話」同時兼具海陸及四縣話的聲韻及詞彙現象。

2. 溪母 k'-、h-、f-之分合

例字	中古聲韻	新屋豐順	觀音豐順	湯坑豐順	新屋四縣	新屋海陸
口	流開一上厚溪	k'eu^3，heu^3	heu^3	k'eu^3	heu^3	heu^3
窟	臻合一入沒溪	k'ut^7，fut^7	×	k'ut^7	fut^7	fut^7
溪	蟹開四平齊溪	k'e^1	hai^1	k'e^1	hai^1	hai^1
殼	江開二入覺溪	k'ok^7，hok^7	hok^7	×	hok^7	hok^7
闊	山合一入末溪	k'uat^7	fat^7	k'uat^7	fat^7	fat^7
褲	遇合一去暮溪	k'u^3	k'u^1	×	fu^5	fu^5
糠	宕開一平唐溪	k'oŋ^1	k'oŋ^1	×	hoŋ^1	hoŋ^1

　　中古溪母字，新屋豐順話大多讀成 k'-或 h-，少部份字則兼讀 k'-、h-，或 k'-、f-。其中，部份聲母讀成 k'-的，在海陸話則多讀成 f-或 h-；另外，在湯坑讀成 k'-的，在新屋豐順多讀成 k'-，但這部份觀音豐順則讀成 f-或 h-。由中古溪母字的變化，說明了新屋豐順話在這部份則與大陸原鄉的豐順話較接近。屬這一類字的 k'-聲母，以四縣、海陸腔來論，其歷史演變剛開始是唸成喉擦音 h-，之後這一類的 h-遇合口字時，則演變成唇齒擦音 f-，亦即，其演變過程為 k'- → h-，而後 h-+-u → f-。〔註3〕

3. ʒ-聲母的有無

　　客話中，以/i/當韻頭時則帶有濁化現象，其中在新屋豐順，因濁化程度較高唸成/ʒ-/，此與新屋海陸、新屋四縣、新竹海陸、以及觀音豐順話相同；在苗栗四縣及湯坑豐順話則為/i-/。

4. 「飯」p'-、f-的不同

　　「飯」字，新屋豐順唸 p'on^6 或 p'on^3，不同於觀音豐順話唸 fan^6，反而保存了上古重唇音的語音特點，且聲調上有變化。不排除這是受當地海陸話之影響，導致原來可能為「fan^6」之消失而成為「p'on^6」，但筆者以為新屋豐順無似海陸話有「p'on^6」、「fan^6」二音，反而很固定為「p'on^6」，故其本音或為「p'on^6」也不定。比較如下：

例字	新屋豐順	觀音豐順	新屋四縣	苗栗四縣	新屋海陸	新竹海陸
飯奉	p'on^6 p'on^3	fan^6 p'on^6（少用）	fan^5 p'on^5	fan^5	fan^6 p'on^6	p'on^6

〔註3〕 參見羅肇錦（2000a：126）。

5.2 韻母的共時與歷時比較

5.2.1 與中古音的比較

【表 5.4】（見下頁）中有少數之字較不符合規律變化，此或有幾點因素：1. 可能反映更古的語音現象（例：逐 kiuk⁵/tak⁵）；2. 非真正的本字（含用錯字），本字另有其他；3. 延用古避諱字音（例：戊 vu³³）；4. 語言（方言）接觸的影響，或來源的歷史層次不同，如：其他漢語方言、非漢語系統的讀音等，或借音之情形（例：橄 ka⁵³）；5. 字另有來源，非屬《切韻》系韻書之字（例：逐 kiuk⁵/tak⁵），如：來自於其他字書、韻書中的又讀音、假借字的讀音、形義相近的形聲字讀音；6. 音變（含同化、音落等）（例：再 tsa¹¹、幾 keu¹¹/ki¹¹、崎 kia¹¹、身 ʃen³³、駱 lot²、落 lau¹¹、昨 ts'o⁵³、擱 ko¹¹、乞 k'e³³、織 tʃi⁵³、危 mun⁵⁵、綠 liuk²、浴 ʒok²）。以上確定之例字便不再納入體系中，其他的字，則在此列出並舉字例【表 5.3】，配合【表 5.4】韻腳旁之註釋（1～45）以便參考：

因韻母的變化較為複雜，在此不一一說明，擬從下節方言的共時比較中，窺探其特色。

【表 5.3】新屋豐順話與中古音韻母比較表特殊韻母字舉例

〈開口韻〉

註#	例 字	註#	例 字	註#	例 字	註#	例 字
1	大 t'ai³³	10	剖 p'o¹¹	19	椿 tʃuŋ⁵³	28	合 kak⁵
2	椰 ʒe⁵⁵	11	腦 no¹¹	20	壬 ʒin⁵⁵	29	粢 tsa⁵³
3	孩 hai⁵⁵	12	嗽 ts'uk⁵	21	今 kin⁵³	30	接 tiap⁵
4	罷 pa¹¹	13	浮 p'o⁵⁵	22	寅 ʒi⁵⁵	31	捉 tsuk⁵
5	奶 nen¹¹	14	蘭 lam⁵⁵	23	欣 him⁵³	32	蟄 tʃ'it²
6	避 p'it²	15	蟬 ʃam⁵⁵	24	恆 vaŋ⁵⁵	33	息 sip⁵
7	委 ve¹¹	16	險 hiam¹¹	25	瞪 taŋ⁵³	34	覓 mi³³
8	攪 kiau¹¹	17	桑 son⁵³	26	打 ta¹¹	35	激 kep²
9	姆 me⁵³	18	逛 oŋ⁵⁵	27	搨 t'ak⁵	36	覡 ʃaŋ¹¹

〈合口韻〉

註#	例　字	註#	例　字	註#	例　字	註#	例　字
37	簸 poi^{11}	40	塑 sok^{5}	43	虹 k‘iuŋ^{33}	46	穀 ku^{53}
38	跛 pai^{55}	41	醋 sɨ^{11}	44	從 ts‘uŋ^{55}	47	蝠 p‘it^{2}
39	露 lu^{11}	42	肺 hi^{11}	45	跋 pak^{5}		

【表 5.4】新屋豐順話與中古音韻母比較表

<table>
<tr><th colspan="2" rowspan="2">開合
等第
聲母</th><th colspan="18">開口</th></tr>
<tr><th colspan="5">一等</th><th colspan="5">二等</th><th colspan="8">三、四等</th></tr>
<tr><th colspan="2">古韻
今讀
攝</th><th>幫系</th><th>端系</th><th>精系</th><th>見系</th><th>影系</th><th>幫系</th><th>知系（端）</th><th>莊系</th><th>見系</th><th>影系</th><th>幫系</th><th>端系</th><th>精系</th><th>莊系</th><th>知系</th><th>章系（日）</th><th>見系</th><th>影</th></tr>
<tr><td rowspan="7">陰聲韻</td><td>果</td><td></td><td>o,ai[1]</td><td colspan="2">o</td><td>o,a</td><td colspan="11"></td><td>io</td><td></td></tr>
<tr><td>假</td><td colspan="5"></td><td colspan="5">a</td><td></td><td></td><td>ia</td><td></td><td></td><td>a</td><td></td><td>a, e[2]</td></tr>
<tr><td>（遇）</td><td colspan="5"></td><td colspan="5"></td><td colspan="6"></td><td colspan="2"></td></tr>
<tr><td>蟹</td><td>oi, ui</td><td>oi, ai</td><td>oi, ai</td><td>oi,e</td><td>oi,
ai[3]</td><td>ai,e,
a[4]</td><td>en[5]</td><td colspan="3">ai,
e</td><td>i</td><td>e, ai,
i, oi</td><td>e,
i</td><td colspan="2"></td><td>e,
ɨ</td><td>e,
i</td><td>e</td></tr>
<tr><td>止</td><td colspan="10"></td><td>i,oi
it[6]</td><td>i</td><td>i, ɨ,
e, ai</td><td>i, ɨ, e</td><td>i, ɨ</td><td>i, ɨ</td><td>i, e</td><td>i,
e[7]</td></tr>
<tr><td>效</td><td>o,
au</td><td>o, eu</td><td colspan="2">o,
au</td><td></td><td>au,</td><td></td><td>au</td><td>a,
au,
iau[8]</td><td>au</td><td>eu,
iau,
iu</td><td>iau</td><td>eu,
iau</td><td></td><td>eu</td><td>eu,
au,
iau</td><td>iau</td><td>eu,
au</td></tr>
<tr><td>流</td><td>eu,e[9]
o[10]</td><td>eu,
o[11]</td><td>eu,
uk[12]</td><td colspan="2">eu</td><td colspan="5"></td><td>ui, u,
o[13]</td><td>iu,
eu</td><td>iu,
u</td><td>iu, eu</td><td>iu, u</td><td>iu,
u</td><td>iu,
eu</td><td>iu</td></tr>
<tr><td rowspan="7">陽聲韻</td><td>咸</td><td></td><td>am,
an</td><td>am</td><td>am,
on</td><td>am</td><td></td><td>am,
on</td><td>am,
em</td><td>am</td><td>am</td><td></td><td colspan="2">iam, ien</td><td colspan="2"></td><td>am,
iam</td><td>iam</td><td>am,
em,
iam</td></tr>
<tr><td>山</td><td></td><td>an,
am[14]</td><td>en, an</td><td colspan="2">on</td><td>an</td><td></td><td>an</td><td>an,
ien,
on</td><td>an</td><td>ien,
in</td><td>ien</td><td>ien,
in</td><td colspan="2"></td><td>an,
en,
am[15]</td><td>an,
ien</td><td>an,
ien,
en,
iam[16]</td></tr>
<tr><td>宕</td><td colspan="2">oŋ</td><td>oŋ,
on[17]</td><td>oŋ</td><td>oŋ,
aŋ</td><td colspan="5"></td><td></td><td colspan="2">ioŋ</td><td colspan="2">oŋ</td><td>ioŋ,
oŋ[18]</td><td>ioŋ</td><td>ioŋ,
oŋ</td></tr>
<tr><td>江</td><td colspan="5"></td><td>oŋ</td><td>uŋ[19]
oŋ</td><td>uŋ</td><td colspan="2">oŋ</td><td colspan="8"></td></tr>
<tr><td>深</td><td colspan="5"></td><td colspan="5"></td><td></td><td colspan="2">im</td><td>im,
em,
am</td><td>im,
em</td><td>im,
in[20]</td><td>im,
in[21]</td><td>im</td></tr>
<tr><td>臻</td><td colspan="3"></td><td>in,
ien</td><td>en,
iun</td><td colspan="5"></td><td>in, en</td><td colspan="2">in</td><td></td><td>in</td><td>in,
iun,</td><td>in,ien
en,
iun</td><td>i[22],
in,
im[23]</td></tr>
<tr><td>曾</td><td colspan="4">en</td><td>aŋ[24]</td><td colspan="5"></td><td>en, in</td><td></td><td>en</td><td></td><td>aŋ[25]</td><td>in</td><td></td><td>en,
in</td></tr>
</table>

	古攝	幫系（一）	端系（一）	精系（一）	見系（一）	影系（一）	幫系（二）	莊系（二）	見系（二）	影系（二）	端系（三四）	精系（三四）	莊系（三四）	知系（三四）	章系（日）（三四）	見系（三四）	影系（三四）
	梗				aŋ,oŋ	en,a[26]	en,aŋ	en,aŋ,uaŋ	en,ien,aŋ	iaŋ,in	en,aŋ,in,iaŋ	iaŋ,in		aŋ	in,aŋ	en,in,aŋ,iaŋ	in,aŋ
	（通）																
入聲韻	咸	ap,ak[27]		ap	ap,ak[28]			ap	ap,iap	ap			iap			ap	ap,iap
入聲韻	山		at		ot,et			at		at,a[29]		iet	iet,iap[30]		iet,et,at	iet,it	iet
入聲韻	宕	ok	ok,	ok	ok	ok			uk				iok	ok	ok,iok	iok	iok,ok
入聲韻	江							ok	uk[31]	ok							
入聲韻	深										ep,ip	ip	ep	it[32]		ip	iap
入聲韻	臻										it		it	et	it	it	at,it
入聲韻	曾	et	et,it	et	at						et	it	it,ip[33]	et,it	it	it	it
入聲韻	梗				ak	ak,ok	ak,it	ak,iak	ak	iak,i[34]	ak,et,it	iak,ak,it		ak	iak,it	iak,it,ep[35]	e,aŋ[36]
入聲韻	（通）																

古攝＼古韻今讀＼古聲母	合口																
	一等					二等				三、四等							
	幫系	端系	精系	見系	影系	幫系	莊系	見系	影系	非系	端系	精系	莊系	知系	章系（日）	見系	影系
陰聲韻　果	o, oi[37] ai[38]	o, ok		o													io
陰聲韻　假								ua	a								
陰聲韻　遇	u,o	u,o,uk[39]	u,o,ok[40],i[41]	u						u,o	i,u	i,u,iut	o,u,ɨ	u	u,i	i	u,i
陰聲韻　蟹	oi,ui	ui	oi	ui,oi	ui,oi		uai,ua	a,oi,ai,uai		i[42],ui	oi,e			oi		ui	
陰聲韻　止										ui,i	ui,oi	oi	ui	ui,oi	ui	ui,i	
陰聲韻　（效）																	
陰聲韻　（流）																	
陽聲韻　咸										am							
陽聲韻　山	an	on	on,uan	an,en,on			on,uan	an		on,an	ion	on	on,ion		en,ien	en,an	
陽聲韻　宕				oŋ						ioŋ,oŋ							oŋ
陽聲韻　（江）																	
陽聲韻　（深）																	

臻	un				un	un, in	un		un	un, iun	
（曾）											
梗					aŋ					uŋ, aŋ, iuŋ	
通	uŋ		uŋ, iuŋ[43]		uŋ	uŋ, iuŋ	uŋ[44], iuŋ		uŋ	uŋ, iuŋ	
咸						ap					
山	at, ak[45]	ot	uat	at		uat	at, et	at, ot	iet		iet
宕		ok				iok			iok		
（江）											
（深）											
臻	ut				ut	iut	ut		ut		
曾	uet										
梗				at							
通	uk	uk, u[46]	uk		uk, it[47]	uk, iuk	iuk	uk	uk, iuk	iuk	uk, iuk,

（左側：入聲韻）

5.2.2　與其他地區豐順話及相關方言的比較

　　豐順話環繞在當地的強勢方言——海陸話，一方面豐順話似乎還保留著與海陸話相異的韻母，但部份卻又與四縣話相同，另一方面，其韻母又呈現著與海陸話趨同的現象，故在韻母方面的變化較複雜，本文著重比較相異的部份。其中與當地海陸話的韻母比較過後，並參酌新竹海陸話〔註4〕，撇開相同的部份，發現在假、蟹、效、流、遇、止、山、曾、臻、梗、深攝中變化較具特色，以下先分列比較當地豐順話、海陸話兩種方言韻母的差異點，並再針對與其他相關方言的比較，對其中較具變化的做說明。

　　有關音韻比較方面，對於新屋豐順話因方言接觸而產生變化的特色分析，於第九章方言特色將另外探討。

【表5.5】新屋豐順、海陸話韻母差異比較表

中古攝名	演變條件	豐順韻母	海陸韻母	例　　字
假攝	開細	e	a	椰

蟹攝	開口	e	ai	牌、排、矮、鞋、弟、泥、底、溪
			i	篩、剃、犁、黎、蹄
效攝	開細	eu	au	朝、燒、紹、邵、少、鷂、搖、夭、腰
			iau	表、蕉、小
流攝	開細	u	u〔註5〕	抽、綢、丑、手、臭、壽、洲、收、晝
		iu		抽、綢
		eu	iu	牛
遇攝	合細	o	i;o	梳
			u	初
止攝	合細	i	ui	味、尾
山攝	開合	en	an	傘、鱔、扇、胭、煙、丸、遠、冤、圓
	開洪	ien; an	ien; an	眼、簡姓氏
	合洪	an	on	碗、換
		uan		灌、罐
山攝入	開細	et	at	舌、折
曾攝	開細	in	un	塍
臻攝	開口	ien	in	根
				筋、斤、巾、銀
		en〔註6〕		筋
		in	iun	芹
梗攝	開口	en	aŋ	冷、頂、伶、零、聽、廳、丁、釘、疔
			in	經
		ien		莖
梗攝入	開細	et	ak	笛、糴
深攝入	開細	ep ip	ip	笠

說明：

1. 效攝開口三等知章組-eu、-au 韻混——

聲母大多同於新竹海陸，但韻母卻多同於苗栗四縣，例外的部份則應是

〔註5〕 此類字韻在新竹海陸為-iu，但在新屋海陸話及四縣話均為-u，在新屋豐順話則部份字兼有兩韻-iu 與-u，成無定分音，少數字讀成-iu，多數字則唸成-u。推測其底層應均有-iu，但受當地海陸話而變成-u。

〔註6〕 -ien 與-en 在拼舌根塞音 k-或 k'-時，部份字是成無定分音的，如「筋」。

受語言接觸影響而產生的。

例字	新屋豐順	觀音豐順	湯坑豐順	八鄉豐順	新屋四縣	苗栗四縣	新屋海陸	新竹海陸
朝知	tʃeu¹	tʃeu¹	tʃeu¹	tʃau¹	tʃeu¹	tseu¹	tʃeu¹	tʃau¹
					tʃau¹		tʃau¹	
潮澄	tʃ'eu²	tʃ'eu²	tʃ'eu²	tʃ'au²	tʃ'eu²	ts'eu²	tʃ'eu²	tʃ'au²
							tʃ'au²	
燒書	ʃeu¹	ʃeu¹	ʃeu¹	ʃau¹	ʃeu¹	seu¹	ʃau¹	ʃau¹
	ʃau1				ʃau¹			
少書	ʃeu³	ʃeu³	ʃeu³	ʃau³	ʃeu³	seu³	ʃeu³	ʃau³
					ʃau³		ʃau³	
照章	tʃeu³	tʃeu³	tʃeu³	tʃau³	tʃeu⁵	tseu⁵	tʃeu⁵	tʃau⁵
					tʃau⁵		tʃau⁵	
韶禪	ʃau²	×〔註7〕	ʃeu²	×	ʃeu²	seu²	ʃeu²	ʃau²
					ʃau²		ʃau²	

2. 流攝開口三等韻知章組-u、-iu 韻混——

　　此類字韻在新竹海陸為-iu，但在新屋海陸及四縣話均為-u，在新屋豐順話則部份字兼有兩韻-iu 與-u，成無定分音，少數字讀成-iu，多數字唸成-u。推測其底層應有-iu，但受當地方言影響而變成-u。

例字	新屋豐順	觀音豐順	湯坑豐順	八鄉豐順	新屋四縣	苗栗四縣	新屋海陸
抽徹	tʃ'iu¹	tʃ'iu¹	×				tʃ'iu¹
	tʃ'u¹			tʃ'u¹	ts'u¹	tʃ'u¹	
綢澄	tʃ'iu²	tʃ'iu²	×				tʃ'iu²
	tʃ'u²			tʃ'u²	ts'u²	tʃ'u²	
周章	tʃiu¹	tʃiu¹	×	tʃu¹	tsu¹	tʃu¹	tʃiu¹
臭昌	tʃ'u³	tʃ'iu³	tʃ'eu¹	tʃ'u⁵	ts'u⁵	tʃ'u⁵	tʃ'iu⁵
手書	ʃu³	ʃiu³	ʃiu³	ʃu³	su³	ʃu³	ʃiu³
晝知	tʃu³	tʃiu³	tʃiu³	tʃu⁵	tsu⁵	tʃu⁵	tʃiu⁵

〔註7〕「×」表查無資料。

3. 流攝開口三等韻「牛」字——

「牛」字在新屋豐順讀/ŋeu²/音，相較於一般的客方言是相當特別的，據張光宇（1996：234）的分析：「「牛」字洪音的讀法在閩西相當普遍。」並舉永定、下洋、武平、長汀、連城……等方言為例。廣東豐順縣近於閩西，其部份語音易帶有閩西客語的語音特色在；不過在廣東的粵方言，亦大多為洪音讀法（詹伯慧 2002：339），究竟其語音是受粵方言影響，抑或受閩西客話影響，我們不得其解，但由此字的讀音判斷，當是從大陸原鄉地而來的，比較於觀音豐順話，更保留語音的特色。

例字	新屋豐順	觀音豐順	湯坑豐順	新屋四縣	新屋海陸
牛疑	ŋeu²	ŋiu²	ŋeu²	niu²	ȵiu²

4. 止攝合口唇音-ui、-i 韻混——

部份字合口唇音-ui 與-i 成無定分音，如：「圍」[vui²]～[vi²]。

例字	新屋豐順	觀音豐順	湯坑豐順	八鄉豐順	新屋四縣	苗栗四縣	新屋海陸	例字
飛非	fui¹ pui¹	fui¹ pui¹	pui¹	fi¹	fui¹ pui¹	fi¹ pi¹	fui¹ pui¹	fui¹ pui¹
圍云	vui²	vui²	vui²	vi²	vui²	vi²	vui²	vui²
為云	vi³	vui⁶	×	×	vui⁵	vi⁵	vui⁶	vui⁶
費敷	fui³	fui³	fui³	fi³	fui⁵	fi⁵	fui⁵	fui⁵
尾微	mui¹ mi¹	mui¹	mui¹	mi¹	mui¹ mi¹	mi¹	mui¹ mi¹	mui¹

5. 山攝合口韻——

例字	新屋豐順	觀音豐順	湯坑豐順	八鄉豐順	新屋四縣	苗栗四縣	新屋海陸	例字
合口	-en	-ien	-ian（圓）	-en	-ien			丸、遠、冤、圓、園、袁
						-an	-an	
開口	-en	-an	-en（扇）	-an	-an	-an	-an	傘、扇
		-ien	×	-en	-ien	-en		煙、燕
						-an	-an	
開洪	-an	-an（簡）	-an（眼）			-an	-an	眼、簡姓氏
	-ien			-ien	-ien	-ien		
合洪	-an	-on	×	-on	-on	-on	-on	碗、換
	-uan							灌、罐

6. 臻、梗攝的不同——

中古臻、梗攝的變化頗為複雜，一方面新屋豐順話與湯坑豐順話較一致，但卻有例外字同茶背豐順話，整體來看，觀音豐順話反而與四縣或海陸較趨同。（前四字臻攝；後四字梗攝）

例字	新屋豐順	觀音豐順	湯坑豐順	茶背豐順	新屋四縣	新屋海陸
根見	kien¹	kin¹	kien¹	kien¹	kin¹	kin¹
銀疑	ȵien²	ȵiun²	ŋen²	×	ȵiun²	ȵiun²
斤見	kien¹	kin¹	×	×	kin¹	kin¹
芹群	k'in²	k'iun²	×	×	k'iun²	k'iun²
頂端	ten¹	ten¹	ten¹	×	taŋ¹	taŋ¹
零來	len²	laŋ²	×	×	laŋ²	laŋ²
經書	ken¹	kin¹	kin¹	ken¹	kin¹	kin¹
蘿定	t'et⁸	t'ak⁸	×	×	t'ak⁸	t'ak⁸

7. 深攝入開口三等韻——「笠」

從下表可看出「笠」字，無論在四縣及海陸話中均為/ lip⁷/音，但新屋豐順卻另有/ lep⁷/之說法，在當地並無其他方言有此說法，因此這是不可能受到其他方言影響而產生的語音現象，此與湯坑豐順話較接近。推測其/ lip⁷/音是受其他方言接觸後而產生的，其底層不是 lep 即為 lap。

例字	新屋豐順	觀音豐順	湯坑豐順	新屋四縣	苗栗四縣	新屋海陸	新竹海陸
笠來	lep⁷ lip⁷	lip⁷	lap⁸	lip⁷	lip⁷	lip⁷	lip⁷

8. 止攝開口三等韻、遇攝合口韻在精知章組的分流——

例字	新屋豐順	觀音豐順	湯坑豐順	豐良豐順	新屋四縣	苗栗四縣	新屋海陸	新竹海陸
紙章	tʃi³	tʃi³	tʃi³	tʃi³	tʃi³	tsɨ³	tʃi³	tʃi³
詩書	ʃi¹	ʃi¹	ʃi¹	si¹	ʃi¹	sɨ¹	ʃi¹	ʃi¹
痔澄	tʃ'i³	tʃ'i⁶	×	×	tʃ'i⁵	ts'i⁵	tʃ'i⁵	tʃ'i⁵
醋清	sɨ³	ts'u³	ts'u³	ts'ɨ³	si⁵	sɨ⁵	si⁵	si⁵

5.3 聲調的共時與歷時比較

　　各家豐順話因坐落地的不同，呈現著不同的調值走向，茲將各家豐順語音調值，加上筆者所調查的比較如下：

【表 5.6】各家豐順語音調值表

調　類	陰平	陽平	上聲	去聲	陰入	陽入
調　號	**1**	**2**	**3**	**6**	**7**	**8**
高然・湯坑	44	24	53	21	11	55
高然・八鄉	55	24	31	53	11	55
高然・豐良	44	12	31	53	11	55
高然・潘田	21	13	35	53	55	11
高然・茶背	33	24	55	31	55	11
張屏生・藍埔村	55<53；55	13>13；11；33	53	33	3	5
吳中杰・基隆	55	24	31	53；33	32	5
溫秀雯・藍埔村	55	13	53	33	1	5
賴文英・新屋	53	55	11	33	5	2

　　為便於說明新屋豐順話的調值走向，也將當地的海陸、四縣話調值做一對比參考如下：

【表 5.7】新屋豐順與當地海陸、四縣話聲調比較表

調　類	陰平	陽平	上聲	去聲	陰入	陽入
調　號	**1**	**2**	**3**	**6**	**7**	**8**
豐順調值	53	55	11	33	5	2
豐順例字	夫 fu	湖 fu	虎 fu；富 fu	父 fu	拂 fut	佛 fut
調號	1	2	3	5；6	7	8
海陸調值	53	55	13	11 陰去；33 陽去	5	2
海陸例字	夫 fu	湖 fu	虎 fu	富 fu；父 fu	拂 fut	佛 fut
調號	1	2	3	5	7	8
四縣調值	13	11	31	55	2	5
四縣例字	夫 fu	湖 fu	虎 fu	父 fu	拂 fut	佛 fut

　　對於新屋豐順與海陸的調值，呈現高度的吻合，我們更傾向於將新屋豐

順話的聲調視為「**海陸腔化**」的特徵。雖然各家豐順語音調值有所不同，但其聲調卻共有一項特色，即其古濁上歸上聲的分合條件不同於一般客家話（如：四縣話、海陸話）「濁上歸去」的演變。

下表【表5.8】以當地海陸話為例，列出新屋豐順和海陸話字調對照表，從表中，可看出中古調類在兩種方言中，各有不同的走向，其中，大部份的漢語方言系統共有的「濁上歸去」重要的音變現象，在新屋豐順則呈現了與閩西客語較相近的「濁上去歸上聲」走向，甚致有更複雜化的傾向，如：清上、清去、濁上、濁去均有歸上聲的；濁上、濁去亦有歸去聲的。有關中古聲調上去聲分合條件的探討，於第九章方言特色中將有詳論。

【表5.8】新屋豐順和海陸話字調對照表

古調類	古清濁	行	例字					豐順調類	海陸調類
			唇	舌	牙	齒	喉		
平聲	清	1	邊偏	丁天	高開	尖初	安婚	陰平53	陰平53
	全濁	2	平	陳	窮	時	寒	陽平55	陽平55
	次濁	3	文	娘	鵝	人	雲		
		4	毛					陰平53	陰平53
上聲	清	4	普	鳥	瞼				
		5	扁粉	短丑	古口	走草	襖好	上聲11	上聲13
	次濁	6	武	女	五	耳	遠		
		7		覽	蟻	染			陰去11
		8		奶				陰平53	
		9	買	暖		軟	有		陰平53
	全濁	10	辮被	弟丈	臼斷	坐	旱上		
		11	父婦	動弟	件	柿淨	亥後	去聲33 部份字兼讀11	**陽去33** 部份字兼讀11
		12	罷婦	道渡	舊	社淨	杏後	**上聲11** 古上聲全濁字部份字兼讀33	

		13			近	鱔			陰平 53
		14	髀	肚			蟹		上聲 13
		15	笨腐			善紹	混		**陰去 11**
去聲	清	16	放 騙	對 透	蓋 看	帳 唱	愛 戲		
		17	片	斷	假				上聲 13
	全濁	18	便 飯	大 袋	櫃 共	樹 壽	畫 下	去聲 33 大部份字兼讀 11	陽去 33 部份字兼讀 11
	次濁	19	麵	路	外	二	芋		
去聲	清	20	筆 發	竹 鐵	桔 缺	接 出	惡 血	陰入 5	陰入 5
	次濁	21	麥	六	額	肉			
		22	膜	納	月	入	藥	陽入 2	陽入 2
	全濁	23	白	讀	極	食	學		

第六章　構詞系統

　　一般客語的構詞法約有：單音詞、複音詞、複合詞、派生詞等幾類，這部份已有多人研究了，例如：羅肇錦（1984，1990）、江俊龍（1996）等；羅肇錦更將客語之構詞特點劃分為：詞序相反、前加成分、後加成分、內部屈折、代詞結構、動詞重疊、形容詞等級、量詞用法等八個部分來探討。故在此，筆者著重於新屋豐順構詞上，與觀音豐順客話，以及一般客語或華語的比較，以求其構詞形式之異同，並從相異中找出方言之構詞特點。在構詞系統中（6.3 小節），則另外探討客語中特殊之方位詞，並以新屋豐順客話的「頭、脣、背、肚、位」為例說明。

6.1　構詞形式

　　各方言在構詞式上的差異，推究其原因，有因借詞或方言避諱形式的不同，或系統本身特色所導致而成的。新屋豐順話與觀音豐順話在許多詞彙上，呈現著不同的構詞形式，在此並參酌大陸湯坑豐順話以及苗栗四縣、新竹海陸，比較在構詞形式上的不同，加以歸納並舉例說明（以下以平面所知為分類，底層或借詞歸屬的問題，將於第七章另行探討）。

6.1.1　因借詞、避諱的不同而異

　　方言之間因為借詞不同、避諱形式的不同，會有不同的構詞形式；另外，受到當地語言接觸的影響，會有一義二詞形並用的情形。

華語詞義	新屋豐順	觀音豐順	湯坑豐順	新竹海陸	苗栗四縣
紅蘿蔔	lin^{13} $ʒin^{53}$、紅菜頭	紅菜頭	×〔註1〕	紅菜頭	紅菜頭
遠足	en^{13} sok^{5} $k'u^{11}$	×	×	遠足	遠足
明天	天光日	天光日	韶早	韶早	天光日
明天	韶早	天光日	韶早	韶早	天光日
倒茶	淳茶	×	×	淳茶	斟茶
下雨	落水	落水	落水	落水	落雨
甘藍菜	包菜	高麗菜	×	玻璃菜	玻璃菜
月桃花	月桃	×	×	枸薑	枸薑
過世	人死	死	×	人老	人老
南瓜	金瓜、黃瓠	金瓜、黃瓠	四(八)月瓜	黃瓠	黃瓠
茄子	茄	茄仔	×	吊菜	茄仔
河蚌	蚌	×	×	唐敲仔	唐敲仔
筷子	箸	筷仔	箸	箸	筷仔
筷子尖	箸喙	×	×	箸喙	筷喙
筷子頭	箸頭嫲	×	×	箸頭嫲	筷頭嫲
筷子筒	箸籠	×	×	箸籠	筷筒

6.1.2 因構詞的語素不同而異

從豐順詞彙中，分單音詞、複音詞、派生詞等三項比較。

6.1.2.1 單音詞

華語詞義	新屋豐順	觀音豐順	湯坑豐順	新屋海陸
痛	惻	痛	疾(惻)	痛
高粱	黍	高粱	×	高粱
桑椹	桑(酸)	桑仔	×	桑仔

6.1.2.2 複合詞

1. 詞素完全相異

〔註1〕「×」表查無資料。

華語詞義	新屋豐順	觀音豐順	湯坑豐順	新屋海陸
起床	好偷〔註2〕	床	投起	床
毛籃	籃笭〔註3〕	×	×	毛籃
高粱掃	黍掃	×	×	×
桑椹	蠶籽	桑仔	×	桑仔

2. 詞素部份相異

華語詞義	新屋豐順	觀音豐順	湯坑豐順	新屋海陸
腳瘦長意（用於女子）	火鉗腳	×	×	白鶴腳
曬穀場	禾坪	×	×	禾埕
稻草繩	禾稈縛	×	×	禾稈索
天窗	光窗	×	×	天窗
捏麵人	泥人公	×	×	泥鬘仔
鹹魚一種	油塭	×	×	塭魚
竹綑	草綮	×	×	草綮
竹掃把	祛齊	×	×	祛把
掃把	稈掃	掃把	×	掃把
存錢	貯金	×	×	貯錢
傍晚	暗昏	×	×	臨暗仔
毛筆	濕筆	毛筆	×	毛筆
回娘家	轉外家	×	×	轉妹家
爬起來（起床）	蹶偷來	爬起來	×	蹶起來、爬起來
爬起來（起床）	跋偷來	爬起來	×	跋跣起來
蜻蜓	囊尾	揚尾仔	×	揚尾仔
鍋鏟	鑊鐐	鑊鏟	×	鑊鏟

6.1.2.3　派生詞

華語詞義	新屋豐順	觀音豐順	湯坑豐順	新屋海陸
纏腳布	包腳嫲	×	×	腳帕

〔註2〕 新屋與湯坑的豐順話，一做「偷」陰平調，一做「投」但為去聲調。詳細討論見第九章。

〔註3〕 此為方言中很特殊的詞彙，於第九章另行探討。

石頭	石牯	×	×	石頭
伯勞鳥	伯勞嫲	×	×	伯勞仔
曾孫	蠱嫲	蠱仔、曾孫	塞仔（子）	蠱仔
曾孫女	蠱嫲女	蠱嫲	塞妹	蠱仔
玄孫	蠱嫲子	×	×	蠱嫲
玄孫女	蠱嫲卵	×	×	蠱嫲
傍晚	臨暗頭、暗昏	臨暗、暗分仔	暗邊頭	臨暗仔
鋤頭	钁鋤	钁頭	掘（钁）頭	钁頭

6.1.3 因構詞能力的不同而異

　　「養、供、奶、漿」四字在不同的方言中，有不同的構詞能力，有些相同詞形的詞彙在不同的方言中，可以表示相異的意義，如「豆醬（漿）」一詞，新屋豐順為「豆豉」意，但在新屋海陸則為豆類製成的飲品，其構詞能力異同如下：

華語詞義	新屋豐順	觀音豐順	新屋海陸	美濃客話
人生小孩	養細人	供細人	供細人	供細人
豬產子	養豬	供豬	供豬仔	養豬
米漿	米奶	×	米漿	×
豆豉	豆醬（漿）	豆豉	豆豉	×

　　其中較特別的，反而是在南部的美濃客話，「養」與「供」二字，同樣具有動詞「生育」的意思，但「養」只用於牲獸，「供」只用於人類。以下以表顯示其詞彙分佈使用的情形：

生育、生產	養（人）	養（牲獸）	供（人）	供（牲獸）
新屋豐順	☆	☆		
新屋海陸			☆	☆
觀音豐順			☆	☆
美濃客話		☆	☆	

6.1.4　因構詞法上的不同而異

新屋豐順話的構詞法，大致同於一般客語的構詞系統，如：詞序相反：豬公（公豬）、雞公（公雞）；後加成份：蟻公（螞蟻）、蝠婆（蝙蝠）；前加成份：老公（丈夫）、阿叔（叔叔）；中加成份：今晡日（今天）、昨晡日（昨天）；特殊的重疊構詞法：層層炊（一層層炊）、目瞪瞪（瞪）、頸偏偏（脖子歪歪的）等等。但有少部份詞彙在詞序上卻與海陸、四縣相反，比較如下：

6.1.4.1　詞序上

華語詞義	新屋豐順	新屋海陸
牛鼻環	牛㧡鼻	牛鼻㧡
牛鼻環	牛銅鼻	牛鼻㧡
石磨	石磨	磨石
涵洞	洞涵	涵空
豐順縣	順豐縣	豐順縣

6.1.4.2　綴詞「仔」

新屋豐順除了受到因方言接影響而產生的少數詞具有中綴「仔」外，如「社仔溪」、「菝仔仁」等，基本上，豐順是無綴詞「仔」的。故在四縣、海陸話有綴詞「仔」的，在豐順一律無綴詞「仔」，在此僅列舉少數詞彙為例。其中「番油、遮節」二詞，因語感上，發音有趨向於愈來愈「便利」的傾向，在客語中，普遍已省略中綴「仔」。

1. 中綴

華語詞義	新屋豐順	新屋海陸	新屋四縣
冰棒	枝冰	枝仔冰	枝仔冰
流星	星屙屎	星仔屙屎	星仔屙屎
煤油	番油	番（仔）油	番（仔）油
雨傘節	遮節	遮（仔）節	遮（仔）節
社子村	社子村	社仔村	社仔村
社子溪	社仔溪	社仔溪	社仔溪
芭樂籽	菝仔仁	菝仔仁	菝仔仁
芭樂籽	菝仔籽	菝仔籽	菝仔籽

2. 後綴

華語詞義	新屋豐順	新屋海陸
白鷺鷥	白鶴	白鶴仔
社子	社	社仔
橘子	柑	柑仔
繩子	索	索仔
風箏	紙鷂	紙鷂仔
河蜆	蜆	蜆仔
雨傘	遮	遮仔
兒子	㙟	㙟仔

　　雖說新屋豐順無綴詞「仔」，但仍帶有無意義成份的後加成分，如：牯（石～）、卵（鴨～）、婆（蝠～）、嫲（豬～）、頭（朝晨～）、公（蟻～）、哥（蛇～），……等等。

　　另外，與觀音豐順、湯坑豐順相較下，觀音豐順普遍帶有「仔」綴詞，這是受當地四縣或海陸腔影響而來的，然而新屋豐順在當地屬弱勢腔，雖也受到當地方言影響很大，但卻仍保有無「仔」綴詞的特色，反而不同於當地的海陸或四縣腔，此特色則與湯坑豐順相同，也與臺灣東勢大埔腔相同，均無「仔」綴詞，但大陸湯坑豐順詞形上或有「仔」字（音：tsi⁵³），但其意義是「小」之意，如：「豬仔」（小豬）、「雞仔」（小豬），相當於新屋豐順或海陸腔的「豬子」、「雞子」。

6.2　構詞特點

6.2.1　相較於華語

　　新屋豐順話詞彙的構詞特點，相較於華語而言，其特點大部分同於一般客語，以下僅列出一般在詞彙上，構詞之差異所在，細部特點的相關文獻可參考羅肇錦（1984、1990）、鍾榮富（2001）。

　　1. 詞序相反。如：「牛公」（公牛）、「雞嫲」（母雞）、「鴨子」（小鴨）、「鬧熱」（熱鬧）等。

　　2. 前加成分。如：「阿公」（祖父）、「阿叔」（叔叔）、「老弟」（弟弟）等。

3. 中加成分。如：「今晡日」（今天）、「暗晡夜」（晚上）、「蟲嫲子」（玄孫）、「狗嫲蛇」（蜥蜴）等。

4. 後加成分。如：「蝦公」（蝦子）、「刀嫲」（柴刀）、「襖婆」（大衣）、「朝晨頭」（早上）、「蛇哥」（蛇）等。

5. 合併構詞。如：「身帕」之「身」為「洗身」之合音，此部分主要為語音之合併，可參見 4.5.2 小節。

6. 詞類形式之不同。例如，客語在人稱代詞的不同，如在人稱後加「兜」（們）成複數；方位詞的不同（見下節 6.3）；形容詞等級運用的不同，如「盡」（很）、「腌」（很）、「當」（很）、「還」（很）、「較」（比較級）；量詞運用的不同，如「一儕」（一個人）、「這擺」（這次）、「一尾蟲」（一條蟲）、「一竇」（一窩）、「一塊田」（一埔田）……等等（有關量詞，參見詞彙一覽表）。

6.2.2　相較於新屋海陸話

1. 「仔」之有無。新屋豐順一律無「仔」後綴詞，普遍亦無「仔」中綴詞，甚至在語句上亦無「仔」語尾助詞，如「拿減兜」相對於海陸腔的「拿減兜仔」（拿掉一些）；新屋海陸則有「仔」綴詞。但兩者仍保有「嫲、卵、婆、牯、哥……」等本有意義，派生成無意義之詞綴。

2. 詞序上，少部分的詞彙，在新屋豐順的詞序上不同於新屋海陸的詞序相反（見 6.1.4.1）。

3. 詞形之不同。新屋豐順有一批不同於新屋海陸的詞彙特色在（見 6.1節）。

6.2.3　相較於觀音豐順話

1. 「仔」之有無。新屋豐順一律無「仔」後綴詞，普遍亦無「仔」中綴詞；觀音豐順則有相當數量的「仔」綴詞，應是長期受當地方言影響而產生的，不同地域的方言接觸影響，會導致方言往不同的方向發展，新屋與觀音豐順腔的發展就是最好的例證。但兩者仍保有「嫲、卵、婆、牯、哥……」等本有意義，派生成無意義之詞綴。

2. 詞形之不同。新屋豐順有一批不同於四縣或海陸的詞彙特色在，但觀音豐順這一部分詞彙則大部分同於四縣或海陸話（見 6.1 節）。

6.3 方位詞

有關「方位詞」（localizer）的定義，有的將其歸入虛詞或後附詞（如：金昌吉 1994），有的將其歸入名詞（如：方麗娜 1994），有的則將其另歸成專門一類的「方位詞」詞類（如：趙元任 2002、呂叔湘 1990a），但三者均是指一種表示方向、位置的語位或語位群。或有將其解釋為後置詞（postposition），這種指的是「跟在名詞或名詞片語後表示方位、方向、屬有關係等的詞或詞素。」（Richards，1998：355）但此類定義只局限在「後置詞」。方位詞其實還可以包含前置詞，如客語的「脣片」、「旁脣」之「脣」字，則分可為前置、後置詞，故在此不採用「後置詞」的說法；另外，方位詞是一個可以列得完的詞類，並且有較穩固的詞彙結構，不同於名詞，因此本文將方位詞視為一詞類。

一般有關客語方位詞的探討，多屬概論性各別字式的說明為主，如高然（1999b）的「脣」、李如龍（1992）的「背」等，缺乏廣泛性或深入性的論述。趙元任（2002）則從漢語普通話的觀點切入，對一般方位詞有較詳細的探討，包括了代表處所、時間、或由處所、時間引申而來的方位複合詞、方位補語的分析，以及方位詞的使用方法等等，但只限於漢語的常用字，如「上、下、內、外」等等，相較於客語特殊的方位詞，在結構、語意、語法功能上均有差異在。

客語的某些方位詞不同於一般華語方位詞的用法，如「頭、脣（脣）、背、肚、位」等，這些字在客語中，均有特殊穩定的構詞能力，另外，這五字的詞彙使用率均很高，且在某一層面意義來講，為客語特殊的方位詞，而有關客語方位詞的專門性探討亦不多見。以下從三方向來討論，第一部份為界定方位詞的語法功能及範圍；第二部份為方位詞探究，並從詞彙結構、方位含意、功能結構的特色來探討這五個方位詞；最後則小結客語方位詞的特點。

6.3.1 方位詞的語法功能及範圍

6.3.1.1 方位詞的範圍

從華語層面來看，若「方位詞是一類可以列得完的詞」〔註4〕，依趙元任

〔註4〕見趙元任（2002：207，314～315）。

（2002）列出的常用詞有「上、下、前、先、後、內、裏、外、左、旁、中、間、東、南、西、北、這ㄦ、那ㄦ」等等，此亦多半通用於各漢語方言。

從語義功能來看，廣泛的方位詞包含了以下三大類：

1. 表示處所。方位詞通常可放在名詞的前或後，做為修飾或被修飾詞，以表示處所，如「東邊」、「左手片」（左邊）、「桌脣」（桌邊）等。

2. 表示時間。方位詞通常亦可放在名詞的前或後，做為修飾或被修飾詞，以表示時間，如「中秋節」、「朝晨頭」（早上）、「飯後」、「學期中」等等。

3. 引申義。一般方位詞的基本用法多用在表示處所或時間，但漢語中常見的方位詞，或因字本身使用的普及度，且使用廣泛，進而被引申在其它的抽象詞彙中，但並不是真正的表示方位，這一類方位詞常見的如「上」、「中」、「下」等字。譬如，表等級界限的「以上」、「以下」；表範圍的「學生當中」，表狀況的「發展中」；以及表示抽象含意的「世界上」、「社會上」等等。

筆者將本文所舉特殊的方位詞定位在「表示處所」、「時間」為主，引申義則不在本文討論的重點，並以客話中較特殊之方位詞，如：「頭、脣、背、肚、位」等字，做主要說明之例子。

6.3.1.2 方位詞的語法功能

筆者以為，方位詞歸為獨立的一類，但它究竟是屬實詞或虛詞？這是見仁見智的看法，一方面方位詞可以是複合詞，如「前前後後」；一方面方位詞也可以是附著成分，如：方位補語「脣頭」（旁邊），或是方位副詞，如：指示詞＋方位副詞——「這位」（這裡），不過，相同的一點是，它們均不能單獨使用，單獨使用則會失去方位的實質意義。

所謂的「附著成分」（黏著詞素）（bound morpheme），指的是：「從不單獨出現的語言形式（詞素 morpheme），必須與另一詞素一起使用，如詞綴或組合語素。」[註5] 換句話說，附著成分是有一定的語法功能和構詞意義，有助於劃分詞類，一但與其他語素分離單獨使用，就會失去其語素的實質意義，如：「頭前」（前面）、「脣頭」的「前、脣、頭」等均屬之，若是單獨使用的「東、西、左、右」等，因這一類字多半出現在回答或命令句中，故非真正屬

〔註5〕見 Richards（1998：51）。

於單獨使用的詞。因此，方位詞通常是不能單獨成為句法成分的，它必須要藉「附著」才能產生語法功能，就此點而言，為虛詞的特性，但它在詞彙構成中，通常又帶有具體意義在，就此點而言，又像是實詞的特性。一般我們將虛詞認為是具有語法功能，但沒有很具體的意義在，是故，方位詞似乎是介在虛詞與實詞之間，具有語法功能，但卻不一定帶有具體的意義。

因此本文將方位詞給予之定義如下：「方位詞是一種附著詞素，帶有表示方向、位置的一個封閉性的詞類。」此處的封閉性即指一個可以列得完的詞類。

6.3.2　方位詞探究

方位詞的詞彙結構主要有前置（head initial）與後置（head finial）兩種。本文之所以舉「頭、脣、背、肚、位」五字為例，是因這五字在客語中，是相當特殊的方位詞，分析如下：

6.3.2.1　「頭」

A. 詞彙結構

1. 方位＋後置方位詞──→複合方位詞：如「脣頭」（旁邊）。這裏的「頭」字，帶有詞意虛化的「方位補語」的語法功能。

2. 地名方位＋後置方位詞：如「紅崁頭」、「深圳頭」、「楝榔頭」。這裏的「頭」字，帶有地理方位「頂、端、前」之意。

3. 時間方位＋後置方位詞：如「下晝頭」（下午）、「月頭」（月初）。

4. 名詞＋後置方位詞：如「眠床頭」（床頭）、「車頭」（車站總站）、「碼頭」、「竹頭」（竹林）。這裏的「頭」字，帶有地理方位「頂、端、前」之意。

5. 前置方位詞＋方位──→複合方位詞：如「頭前」（前面）。

6. 前置方位詞＋補語：如「頭擺」（從前）、「頭過」（從前）、「頭下」（剛才）、「頭先」（剛才）。

B. 方位含意

頭，是構詞能力相當強的一個詞素，本義見《說文》：「頭，首也。」後來演變成有多層意義，其中不乏有由「首」意衍生而來之方位含意，如帶有「頂、端、前」的用法，或相當於華語中的「前段、後段」如下所示：

1. 用於地名詞彙的方位含意，如：「甲頭屋」、「紅崁頭」；

2. 用於一般事物名稱的方位含意，如：「菜頭」（蘿蔔）；

3. 用於地域性的方位含意，如：「頂頭人」、「上頭人」之「頭」含有較「近距離」的北部人，若是「下頭」則表「下面」意。

4. 用於時間上的方位含意，如：「暗晡頭」（晚上）、「下晝頭」（下午）、「朝晨頭」（早上）。

C. 功能結構的特色

「頭」的方位構詞位置，可分別出現在詞素的前或後置，且「頭」字在部份詞彙中有詞意虛化的傾向，「頭」的前置方位詞則有頭前語（即詞頭字無意義）的功能，部份的後置方位詞則帶有無意義的後綴詞功能。

6.3.2.2 「脣」

A. 詞彙結構

1. 方位＋後置方位詞──→複合方位詞：如「旁脣」（旁邊）。

2. 名詞＋後置方位詞：如「海脣」（海邊）。

3. 前置方位詞＋方位──→複合方位詞：如「脣頭」（旁邊），這裏的「頭」字，帶有詞意虛化的「方位補語」的語法功能。

B. 方位含意

「脣」用在方位詞上，指的是地理上的邊緣，與原始本義保有著聯繫關係，本義依《說文》的解釋為：「脣，口耑也。」〔段注〕：「口之厓也。假借為水厓之字。」如身體部位名稱之「嘴脣」（嘴邊），華語多以此詞表示人或某些動物嘴巴周圍的肌肉組織。引申而來，此字後來帶有地理方位「旁邊」之意，為客語中特殊的方位詞。

C. 功能結構的特色

「旁脣」之「旁」與「脣」雖均可為方位詞，但「脣」字似乎有詞意虛化的傾向，但若從後置詞角度來分析，「脣」主、「旁」為副，此處的「旁」則有詞意虛化的傾向，但總括，此二字是無法單獨使用的。方位詞「脣」出現在句子中，雖無法成為獨立的成份，但可以用「較……兜」（表一點、一些意）來修飾「脣」單一字，成為比較級，如「徛較脣兜」（站旁邊一點！）。而這種用「較……兜」來修飾方位詞，成為比較級的，亦包含有其他方位詞的用法，如「較頭前兜」（前面一點）、「較下背兜」（下面一點）……等等。

6.3.2.3 「背」

A. 詞彙結構

1. 方位＋後置方位詞──→複合方位詞：「背」字用於「上、下、前、後、底、外」之後，會成為複合方位詞，如「外背」（外面）、「後背」（後面）、「底背」（裡面）等。

2. 名詞＋後置方位詞：「背」字用在名詞後，多半代表「後、外、那頭」之意，如：「山背」（山後、山那頭）。

B. 方位含意

背，本義為名詞「背脊」之意。後來演變成有多層意義，其中在客方言較為特殊的是，「背」除了保有名詞性本義之外，另外代表具有特色的方位詞，相當於華語中的「面」，如：

1. 用於身體部位，例「手背」、「背囊」；

2. 表示一般方向性，例「後背」、「底背」；

3. 表示地域性，例「上背人」、「下背人」之「背」字，含有較「遠距離」的北部人或南部人之意，不同於前述「近距離」的「上頭人」（北部人）。

C. 功能結構的特色

「背」的方位構詞位置，可分別出現在詞素的前或後，依構詞能力的不同，分別可帶有「裡、外、上、下、前、後、那頭」等詞意，但「山背」之「背」字，亦有詞意虛化的傾向。

6.3.2.4 「肚」

A. 詞彙結構

1. 名詞＋後置方位詞：如「間肚」（房間、房間裡面）、「山肚」（山、山裡面）。

2. 方位詞組＋後置方位詞：如「底背肚」（裡面）。

B. 方位含意

「肚」的本義為人身體器官的「腹肚」之意，後置的「肚」方位詞，則具有「裡面」的意義，亦可直接表示處所所在地，如「間肚」可指「房間裡面」，亦可廣泛性的指「房間」；「山肚」可指「山裡面」，亦可廣泛性的指「山」而言。

C. 功能結構的特色

「肚」用在後置方位詞，只能當「裡面」之意，但可指近離的房間裡面，亦可指遠距離概括性的山裡頭。若是用在廣泛性的含意上，則「肚」,「裡面」的含意會消失。

6.3.2.5　「位」

A. 詞彙結構

指示詞＋後置方位詞：如「這位」（這裡）、「該位」（那裡）、「奈位」（哪裡）。

B. 方位含意

後置的「位」，具有「地點、位置」的意義，隨著指示詞的不同，或聲調變化的屈折，而可分別為近距離點、長距離點、或方位疑問句。

C. 功能結構的特色

「位」與疑問指代詞結合時，隨著句子成分的不同而有不同的語法功能結構，這一點則與華語的「哪裡」有相同的特性：

1. 疑問句（interrogative reading）。
　　（1）可獨立成問句——如「奈位」指「哪裡？」。
　　（2）可當賓語——如「去奈位」（去哪裡？）V＋O。
　　（3）可當主語——如「奈位來 e」（從哪裡來的？）S＋V＋e 補語。
2. 存在句（existential reading）。
　　（1）「像適奈位樣」——（好像在哪裡的樣子！）
3. 全稱句（universal reading）。
　　（1）可當主語——如「奈位總做得去」（哪裡都可以去！）
　　（2）可當賓語——如「去奈位總做得」（要去哪裡都可以！）

6.3.3　小結

不同的方位詞，有不同的構詞能力，大致上，我們可將客語中特殊的方位詞，如：「頭、脣、背、肚、位」等的構詞能力比較如下：

【表 6.1】方位詞比較表——以「頭、脣、背、肚、位」為例

附著形式	詞義虛化	方位詞位置	方位含意	構詞能力
頭	＋－	前、後	頂、端、前	強
脣	＋－	前、後	邊緣	強

背	＋－	前、後	方向面	強
肚	＋－	後	裡面	中（只在特定名詞後）
位	－	後	某一地點、位置	弱（只在指代詞後）

　　歸結客語的方位詞有以下幾點特色：

　　1. 客語的「頭、脣、背、肚、位」等方位詞的詞形與詞意，不同於華語或其他漢語方言，為相當特殊的方位詞用法（見上表）。其中華語雖也有以「頭」為方位詞，但從以上分析中，可見其使用上還是有差別在的。

　　2. 方位詞的語法意義可藉由「附著」成分，或藉與之結合的詞素，來表示方位的含意。而不同的方位詞，有不同的構詞能力，也有不同的方位含意，有些方位詞的含意則會互有重疊性，基本上，在構詞方面仍互有差異在。

　　3. 方位詞是一個可以列得完的詞類，並且有較穩固的詞彙結構。

　　4. 方位詞是介於實詞和虛詞之間的「方位詞」詞類，少部份是由實詞虛化而來，無具體實質意義，多數仍帶有具體含意在。

　　5. 方位詞的主要語法功能在於「附著」於其他詞素，以表示方位，不能單獨成句，須與其他詞素一起合用（用在回答方位時則除外），主要形式有前置（head initial）與後置（head final）兩種。

　　6. 表示處所的方位詞，大多可用「（V）＋較……兜」的句型來修飾成比較級句。

第七章　詞彙源流探討

　　一般來講，在探討漢語方言的詞彙特點時，大都從詞義、構詞和詞源三個方面入手，而不同的方言之間，其特殊的方言詞詞源大致可分為三種不同的來源，分別是 1. 古漢語之沿用；2. 方言之創新；3. 借詞。本章主要的目的是想藉調查新屋豐順方言的詞彙中，找出特殊詞彙之源流。

　　關於方言之創新，王力（1980：579）認為：「嚴格說來，是不存在的。」他並認為：「所謂新詞，實際上無非是舊詞的轉化、組合，或者向其他語言的借詞，……其中每一個詞素都有它的來歷。」而我們也很難見到完全用新材料構成的新詞，但是仍有不少詞的來歷仍未知的，王力則解釋成「那只是我們還不知道它們的歷史罷了。」是故，未知之字，或未知源流之方言字等，其來源有可能為借自其他未知的語言，或來自未有文字的民族。故本章對於方言之創新在此暫不論述，僅就古漢之沿用與借詞兩部份來論。

7.1　古漢語之沿用

　　在特殊的方言詞彙源流中，有不少保留著古漢語的詞彙在。而所謂古漢語的沿用，指的是某些方言的某些詞彙出現在古文典籍之中，且其形音義方面多有所保存，「古文典籍」本文則界定在文字初始之甲骨金文至客語大致成型的唐宋時期（有關時期的劃分見以下說明）。其廣義範圍可泛指從甲骨文字，如數詞「一、二、三、四、五、六、七、八、九、十、百、千、萬」等，及天干地支等文字，不過這些文字雖在甲骨文中就存在著，但一般來講我們卻不說它是方言中的古語，這方面李榮（1985：13）認為是因為：「這些字古

今普遍使用的緣故。」他並認為（1985：13）：「有些不普遍使用的古語，只限於某些方言，這才說某方言保留古語。」因此本文在論述時以此為原則。

在古文典籍之中，我們很難去確定當時實際的語音為何，或許這只能透過文獻與現存之方言擬構其音韻，但各家擬音或有差異，而各方言之音韻類別與實際調類，亦有所不同，因此有關本節詞源——古漢語之沿用，則以詞彙之形義為主、音韻為輔來做為論述之依據。

7.1.1 古漢語沿用之詞彙

大致說來，客家方言可經由古籍的查證，證明客家方言中保存了不少的古漢語詞，包括有甲骨金文語、上古漢語及中古漢語，其中不乏有基本常用詞彙，這些詞有些不出現在華語的口頭語，但還有出現在書面語中，如：面、食、禾、目……等，但在客家方言中這類詞卻常在口語中出現；另有一類古漢語詞，現已很少出現在書面語中，但在客家方言口語中卻還普遍使用著，如：劈、燼、藻、徛……等。在這些古漢語詞彙中，有多數是共同留存在南方方言中的（音韻上或有差異），故筆者在舉例說明時，則盡量取能彰顯客方言特色之詞彙。

以下依詞彙之特性劃分為單音詞、複合詞、派生詞等三方面來做說明：

7.1.1.1 單音詞

客語中有不少的單音詞存在著，而這些單音詞有許多都保有古漢語的詞彙特色在，這部份在羅肇錦（1990）單音詞的部份則列出了不少，故在此則盡量不再重覆，僅擇取數詞補充，以下列舉了單音詞之後並列出《廣韻》中的意義以為參考。

豐順形音	華語詞形	《廣韻》義
目 muk⁵	眼睛	說文曰人眼
禾 vo⁵⁵	稻子	粟苗
同 t'uŋ⁵⁵	和、替	共也
行 haŋ⁵⁵	走	步也
走 tseu¹¹	跑	趨也
芃 p'uŋ⁵⁵	樹叢	草盛也
肥 p'ui⁵⁵	胖	說文說多肉也
屋 vuk⁵	房子	舍也

面 mien¹¹	臉	說文作顏前也
食 ʃit²	吃	飲食
蚌 p'oŋ⁵³	蚌殼	蛤也
逐 kiuk⁵	追趕	追也驅也
徛 k'i⁵³	站	立也
惡 ok⁵	兇、不善	不善也
惻 ts'it²	痛	〔愴也〕
腌 an¹¹	很	〔鹽漬魚也〕
箸 tʃ'u¹¹	筷子	匙箸
精 tsin⁵³	聰明	明也
樵 ts'iau⁵⁵	柴火	柴也
縈 ʒaŋ⁵³	繞捲	繞也
應 en¹¹	頂嘴	〔當也〕
藻 p'iau⁵⁵	浮萍	方言云江東謂浮萍為藻
簸 poi¹¹	揚動	揚
坟 vun⁵⁵	墳墓	×
燖 him¹¹	以熱悶之	燖，熱
薜 net⁵	小刺	趙魏間呼棘出方言

【註】方括弧內之意義，不與方言同，參見文內說明。

　　舉例說明：

　　1. 走 tseu¹¹、逐 kiuk⁵

　　陳年福（2001：114）「走，象人奔跑形。」卜辭：「貞：王往走載至于賓，禍？」此「走」字意為「行走，奔走。」又陳年福（2001：129）卜辭：「辛未上亘貞：往逐豕，獲？」「貞：呼多馬逐鹿，獲？」此「逐」為「田獵逐獸」之意。又「逐衛逐人？」此中之「逐」字即為「追逐」之意。此外《山海經・海外北經》：「夸父與日逐走。」（p. 92）之「逐走」意為競逐、賽跑。

　　故客語之「走相逐 tseu¹¹ sioŋ⁵³ kiuk⁵」為賽跑、競逐之意，又「逐雞 kiuk⁵ˑ² ke⁵³」亦即追趕雞之意，正符合甲骨文之形與義之沿用。

　　2. 蚌 p'oŋ⁵³

　　一般我們所說的大河蚌，在方言中較不常以「蚌」之形、音來稱呼，反而用其他的詞彙來指稱，其原因之一據張屏生（2002：198）指出是因為：

「淡水中的蚌在有些客家話中是用來指稱女性的生殖器，因為形狀類似，……。」故常見的替代詞形式有「螺鱉仔」、「蟯鱉」等及當地海陸腔的「啌敲仔 k'oŋ⁵³ k'au¹¹ ·au⁵⁵」〔註1〕。

《說文》：「蚌，蜃屬。……從虫。丰聲。步項切。」(p. 671) 蜃，即大蛤之意。又《廣韻》：「蚌，蛤也。」(p. 240)「蚌」亦見於《爾雅·釋魚》注：「蚌，即蜃也。」(p. 116) 蚌，在華語詞彙中還存在使用著，但在方言中卻少見此形，在這裏當地豐順腔則保有古漢語形音義上之沿用。

3. 惻 ts'it² （亦讀成 ts'it⁵）

「惻」，此字在豐順客話中意同於四縣、海陸腔之「痛」字，可說凡四縣、海陸腔中有關「痛」之詞，在新屋豐順客話均做「惻」，如：「風惻 fuŋ⁵³ ts'it²」（中風）、「當惻 toŋ⁵³ ts'it²」（很痛）、「頭那惻 t'eu⁵⁵ na⁵⁵ ts'it²」（頭痛）……等等。

部份方言字或作「疾」，依《說文》「疾」之本義為：「病也」，後來才有「痛」之意。又《說文》：「惻，痛也。從心。則聲。初力切。」(p. 512)《漢書·宣元六王傳第五十》：「朕惻焉不忍聞。」師古曰：「惻，痛也。」(p. 3316) 可見，「惻」當為古漢語之沿用。

須注意的是，此字雖是古漢語之沿用，但在今北方漢語已不用，從另一方面來看，此字卻又與西南少數民族的語音同源，如：（毛宗武，蒙朝吉 1986）

華語	壯	布儂	傣西	侗	仫佬	毛難	黎	新屋豐順
痛（惻）	tɕip⁷	tɕiat⁷	tsep⁷	it⁹	cit⁷	ci:t⁷	tshok⁷	ts'it⁷⁽⁸⁾

因此在探討古漢語詞彙時，對這一類的同源詞需要有一定的認知，方能對所謂的古漢語詞的來源，更加瞭解。

4. 縈 ʒaŋ⁵³

縈，在豐順客話可為動詞「繞捲之意」，亦可為名詞「草綑」之意，如：「縈草縈ʒaŋ⁵³ ts'o¹¹ ʒaŋ⁵³」（前動詞，後名詞）不同於當地海陸腔的「縈草結ʒaŋ⁵³ ts'o¹¹ kiet⁵」，其意均為把竹草紮成一綑一綑的，以供生火、燒火之用。文獻中可追溯到《詩·周南·樛木》：「葛藟縈之。」〔註2〕此「縈」字

〔註1〕後綴詞「·au⁵⁵」之前之一點為輕聲意。
〔註2〕見《十三經》，頁220。

即為「旋繞」之意。《說文》:「縈,收卷也。……從糸。熒省聲。於營切。」（p. 657）《廣韻》:「縈,繞也。」（p. 192）

5. 應 en^{11}

豐順話「應人 en^{11} nin^{55}」,為頂嘴、回嘴之意。據《唐五代語言詞典》之解釋為:「應,回嘴、應答。」（p. 416）此字之本義據《說文》為「當也」,應是到唐代後演變成有「頂嘴」之意,故此字算是古漢語後期之詞義沿用。

6. 薸 p'iau^{55}

薸,浮萍。《廣雅・釋草》:「瓢,萍也。」（p. 126）《廣韻》:「薸,方言云,江東謂浮萍為薸。符霄切。」（p. 150）《爾雅・釋草》〔註3〕:「萍,蓱。」〔注〕:「水中浮蓱。江東謂之薸。」但所謂的「江東」,實屬南方,又此字與南方語的語音同源,如:（張光宇 1996:69～70、鄧曉華 1999）

華語	壯	水	毛南	連城	福州	廈門	梅縣	新屋豐順
浮萍（薸）	piəu^2	piu^2	pieu^2	$_c$phiɔ	p'iu^2	p'io^2	$_c$phiau	p'iau^2

因此,「薸」也有可能是古漢語從西南少數民族語借來,然後再借入方言中的,故而在探討方言詞彙源流時,其形義雖與古籍或韻書相同,但其詞源卻不一定是真正屬古漢語的沿用,因此也要有這方面的認知。

7. 坟 vun^{55}

此字出現在當地的地名「番婆坟 fan^{53} p'o^{55} vun^{55}」。「坟」為「墳」之俗字,為墓地之意,現在則為大陸通行之簡體字,華語讀成「ㄈㄣˊ」。在文獻中則常見「番婆坟」或「番婆坟」。

《經典文字辨證書》:「墳正坟俗」（p.47）

《異體字字典》:「坟,……『墳』從賁聲、『坟』從文聲,『賁』者彼義切、『幫』紐,『文』者無分切、『微』紐,皆屬曾運乾『古音三十攝』之『陽聲咠攝』,是二字古音同也,則『墳』之作『坟』,乃以同音字改易聲符者也」;「坟,……以其與『坟』字形近,故俗又作『墳』字用。於是遂為『墳』之異體矣。」（http://140.111.1.40/start.htm）

從上述推知,「坟」從文聲;「墳」從賁聲,又「文、賁」古音依董同龢（1975:221）均從文部合口文韻平聲字。當地人「坟」讀成陽平[vun]聲,

〔註3〕見《十三經注疏》【爾雅注疏】,頁 277。

音義上可為同音假借關係，可見「坋」字在當地人的讀音中是保有相當古的形、義與音之連繫關係。

8. 棘net⁵

棘，指的是植物上的「刺子」，並有以此特點來命名的，如「棘瓜 net⁵﹥² kua⁵³」（有小刺之黃瓜）、「棘竹 net⁵﹥² tʃuk⁵」（有刺之一種竹名）。方言字或作「笐」。

《廣韻》：「棘，趙魏間呼棘出方言。」（p. 524）《方言》：「凡草本刺人……自關而西謂之刺，江湘之間謂之棘。」（p. 26）又《爾雅・釋草》〔註4〕：「髦，顛棘。」〔注〕：「細葉，有刺，蔓生，一名商棘……郭云：『細葉，有刺，蔓生。』……『刺』，注疏本作『棘』。」此字在《漢語方言大詞典》（p. 6778）亦做「棘」字。從這種種證據，當可證明此字為古漢語之沿用。

7.1.1.2　複合詞

舉例說明：

1. 烳鑪p'u⁵⁵ lo⁵⁵

烳鑪，為舊時燒火煮飯的器具，形狀圓圓大大的，知道的有泥、石灰、沙及鋁等成份做成的，並分別有下列的講法：

稱　法	音　值	補充說明
烳鑪	p'u⁵⁵ lo⁵⁵	泛稱
泥烳鑪	ne⁵⁵ p'u⁵⁵ lo⁵⁵	
缶烳鑪	fui⁵⁵ p'u⁵⁵ lo⁵⁵	缶，即「陶器」
沙烳鑪	sa⁵³ p'u⁵⁵ lo⁵⁵	
a lu mi 烳鑪	a³³ lu⁵⁵ mi⁵³ p'u⁵⁵ lo⁵⁵	a lu mi，即「鋁」

客家人在燒煮食物或茶水時，所用的動詞即為「烳」，如：「烳茶、烳飯」（燒茶、煮飯）。並從其用途，而以「烳鑪」的偏正形式來泛稱舊時燉煮之鍋子，今列出相關韻書的解釋如下：

《玉篇》：「烳，怖古切。火兒又把火行也。」【卷下・火部】

《廣韻》：「烳，火行兒。滂古切。」（p. 268）

《集韻》：「鑪，溫器。盧戈切。」（平聲三，22）

〔註4〕見《十三經注疏》【爾雅注疏】，頁272。

《說文》：「鑮，銼鑮也。」（p. 704）原為形圓腹大之器具。應是之後引申為燉煮之鍋而以「焩鑮」命名，此名稱之詞具有古漢語的沿用，同時兼具有方言構詞上的創新。這種器具隨著時代的先進現已少見，大致年長一輩的人才有使用過。

2. 簞笥 t'an⁵⁵ si⁵³

《禮記・曲禮上》〔註5〕：「凡以弓劍苞苴，簞笥問人者，操以受命，如使之容。」其中「簞笥」即為盛飯之竹器。又《尚書・說命中》〔註6〕：「唯衣裳在笥。」《說文》：「簞，笥也。……從竹。單聲。都寒切。」「笥，飯及衣之器也。……從竹。司聲。相吏切。」（p.192）因此總括之，簞笥，指的是盛飯之飯器或放置衣物之竹製箱子。演變至後來，在豐順方言中則指的是放置衣物的櫃子，此種即稱為「簞笥」，依舊保有古漢語之形義，但意義卻窄化了。

3. 蒲勺 p'u⁵⁵ ʃok²

蒲勺，本為古禮器名，豐順腔指「水瓢」，應是引申之意。其命名得於其形狀：「蒲草之本合未開，形似勺。」〔註7〕《禮記・明堂位》〔註8〕：「其勺，夏后氏以龍勺，殷以疏勺，周以蒲勺。」《漢語方言大詞典》亦做「蒲勺，葫蘆做的舀水瓢。」（p. 6428）但在客語方言字常見「瓠杓」，以其以乾瓠瓜之殼而做成的水瓢杓子。《農書・卷八・瓠》：「大之為甕盎，小之為瓢杓。」（p.68）以下透過反切的語音比較，或更清楚「蒲勺」應早於「瓠杓」，後者或經由假借、約定成俗而漸有取代前者之可能。

《說文》：「蒲，從艸。浦聲。薄胡切。」（p. 28）

《說文》：「瓠，從瓜。夸聲。胡誤切。」（p. 337）

7.1.1.3 派生詞

南方方言中保存了大量單音詞的古語詞，但是從中古時期以後，特別在宋元以來，則大量產生了詞綴和虛詞，諸如：「阿、老、子、頭、婆」等等虛化的詞綴，這部份在李如龍（2001：127～128）有提到，他並指出：「從中古時期到近代漢語，應該說詞綴和虛詞的大量產生是漢語詞彙系統歷史發

〔註5〕見《十三經》，頁679。
〔註6〕見《十三經》，頁142。
〔註7〕見《中文大辭典》v.7，頁1710～1711。
〔註8〕見《十三經》，頁805。

展中的另一個大變化。」在新屋豐順腔中則有大量的單音詞並無產生附加成份的虛化詞「仔」，在上述的「單音詞」部份即屬此。在海陸或四縣腔中，這部份詞則會產生附加成份的虛綴詞，例如：「藻仔、禾仔、箸仔（或稱筷仔）、劈仔」等。

　　但在新屋豐順話的派生詞中，亦有不少為古漢語詞素加上綴詞，如：「蝠婆 p'it² p'o⁵⁵」（蝙蝠）、「面頰卵 mien¹¹ kap⁵·² lon¹¹」（顴骨）、「伯勞嫲 pak⁵·² lo⁵⁵ ma⁵⁵」（伯勞鳥）、「钁鋤 kiok⁵·² ts'o⁵⁵」（鋤頭）……等等，以下分別說明：

　　1. 蝠。《說文》：「蝠，蝙也。從虫。畐聲。方六切。古音在一部。」（p. 673）董同龢（1975：130）將其歸入之部入聲合口屋韻，但在職韻亦可見「畐」字，古音聲母擬成送氣/p'-/，「畐、蝠」二字之音實可為形聲字互通。

　　2. 面頰。《說文》：「頰，面旁也。面者，顏前也。顏前者，兩眉間兩目間已下至頰間也。其旁曰頰。面部曰。酺頰也。」（p. 416）「酺」通「輔」，「輔頰」即面頰之義。

　　3. 伯勞。《爾雅·釋鳥》〔註9〕：「鵙，伯勞也。」《詩·豳風·七月》〔註10〕：「七月鳴鵙。」〔注〕：「鵙，伯勞也。」「『鵙』原作『鴂』。」

　　4. 钁。《說文》：「钁，大鉏也。從金。矍聲。居縛切。」鉏，音鋤也。

　　派生詞中，另有一種綴詞本身為古漢語者，但在某些詞彙中其本義已虛化為無意義之詞素，如上述所稱之「面頰卵」之「卵」字，《說文》：「卵，凡物無乳者卵生。」其本義即指今華語所稱之「蛋」，保有本義的詞彙則有「雞卵 ke⁵³ lon¹¹」（雞蛋）、「鴨卵 ap⁵·² lon¹¹」（鴨蛋）等。又如：「石牯 ʃak² ku¹¹」（石頭）之「牯」，其原意意指「牛」而言，如《廣韻》：「牯，牛。」（p. 266）《玉篇》【卷下·牛部】：「牯，姑戶切，牝牛。」牯，在此指母牛，後演變為去勢之公牛亦稱做「牯」，因而客話也常以「牯」泛稱雄性之牲畜，如「牛牯 ŋeu⁵⁵ ku¹¹」（公牛）、「狗牯 keu¹¹ ku¹¹」（公狗）、「羊牯 ʒoŋ⁵⁵ ku¹¹」（公羊）等等，而「石牯」之「牯」則演變成無意義之虛詞。

7.1.2　古漢語詞彙沿用演變之特點

　　方言詞彙的發展隨著時代潮流的脈動，會不斷的產生變化或創新，一般

〔註9〕見《十三經注疏》【爾雅注疏】，頁358。
〔註10〕見《十三經注疏》【毛詩注疏】，頁582。

來講，基本詞彙較穩固的則比較能保有古漢語的形、義關係，但隨著各方言的特點不同，其詞彙或會產生較一致性的變化，例如，海陸腔的中、後綴詞「仔」的產生，相對於豐順腔的無中、後綴詞「仔」。一般方言詞彙沿用古漢語部份，其歷時演變的特點大致有以下三種方向：

1. 形義完全承傳——如：「行、走、面、肥」等。

2. 部份承傳——指的是詞形方面部份承傳、部份產生變化，但詞彙意義仍保留古義，如上述之派生詞部份。

3. 形承義變——常見的有詞義拓大，如「食」字，「吃飯」時可為「食飯 ʃit² pʻon³³」，亦可當做「抽煙」「食煙ʃit² ʒen⁵³」；又如「鼻」字，可為名詞「鼻子」「鼻空 pʻi³³ kʻuŋ⁵³」及「鼻涕」「鼻 pʻi³³」，亦可為動詞「聞」「鼻 pʻi³³」。另一種形承義變的為詞義縮小，如前述之「篳笥」；或為詞義轉移，此種現象主要是指詞的演變至唐宋時期的意義與原有之本義產生了很大的差別，但客方言沿用唐宋所產生之新義，算是較新的詞義關係。如前述之「應」字，其本義據《說文》釋為「當也」（p. 502），至唐朝演變成有「頂嘴」之意。另「腌」字，其本義據《說文》釋為「漬肉也」（p. 176）至宋朝則演變成程度副詞「很」之意，在客語中此字的使用則很普遍（方言字或做「恁、按」），《宋語言詞典》對「腌」的解釋為：「副詞，強調程度極深。」所舉例句有「把張君瑞送得來腌受苦。」（p. 1）豐順方言例子則有「腌香 an¹¹ hioŋ⁵³」（很香）、「腌冷 an¹¹ len⁵³」（很冷）、「腌好天 an¹¹ ho¹¹ tʻien⁵³」（很好的天氣）。

7.1.3　古漢語詞彙沿用之歷史層次

漢語方言產生的時期主要可依方言語音的濁聲母、塞音尾及鼻音尾，而大致將各種方言的產生分為五個層次，其中客語是在第四層次，亦即約在西元 900 年左右的唐末時期。〔註11〕但各方言的詞彙源流卻可追溯到更早時期。

由上面所引述的例子，再加上漢語基本詞彙所常出現者，我們可將豐順方言中（亦也普遍適用於客方言）含有古漢語成份的詞彙大致劃分為以下幾個層次。其劃分也許不夠精確，畢竟我們無法得知古時的口語詞是否普遍記載在文獻當中，又各類古籍的原本風貌有許多已佚失，或已由後人再加以補修過，其正確性我們很難去證明各詞其產生的源頭為何！本文之重點也不在於考究

〔註11〕參見羅肇錦（1990：63～64）。

各字之源頭，故對於層次之劃分只是一個概括性的概念，但我們還是可約略的透過以下的劃分，來瞭解古漢語詞彙沿用的層次：

1. 甲骨金文語——殷商甲骨文字為代表（約西元前 11 世紀之前）：

甲骨金文為現知有文字中的最早表現形式。這類的字像「日頭 n.it$^{5>2}$ t'eu^{55}」（太陽）客家話還保有甲骨文「日」的形義，但在華語中已普遍成為「太陽」。其他諸如「走、行、逐、食」等亦屬甲骨文詞彙之沿用。

另有一字「咼 k'au^{55}」（方言字或做「拷」），筆者以為此字在客家話中可能保有甲骨文形義上的關聯。卜辭：「貞：（求）年于王亥，咼（一）犬、一羊、一豕……」〔註 12〕據白川靜對「咼」的解釋為「削肉現骨謂之咼」，此亦符合客義，如豐順客話「咼肉 k'au^{55} n.iuk^5」（將骨頭上之肉拷削下來）。此字也許待更詳盡的論據來考證其本字。韻書中之音義或因來源不同而有變異，但列舉如下作為參考：

　　《說文》：「咼，口戾不正也。……從口。冎聲。苦媧切。」（p. 61）

　　《字彙》：「咼，苦乖切。……又古禾切。」〔註 13〕

在書證缺乏之下，對於「咼」字本義，在此寧可先存疑，待日後有更多論證時，再予以續論。

2. 上古漢語——先秦兩漢為代表（約西元前 11 至 3 世紀）：

此期當中有不少的經文典籍可為參考，而最大的參考來源為《說文》（須注意的是《說文》往往也是研究甲骨金文等古文字之資料來源），方言中有不少共同的詞彙可以在這時期發現，上述提及的「縈」、「篳筒」、「蒲勺」、「蚌」、「藻」等，可算保有上古漢語的形音義，其分別可見於《詩經》、《禮記》、《爾雅》、《廣雅》等古籍中。

3. 中古漢語——三國至唐宋時期為代表（約西元 3 至 7 世紀）：

相關之《切韻》系韻書所收之字可為參考，此部份之字可與《說文》做一比對。如「烳」字未見於《說文》，但出現在《玉篇》、《廣韻》之中，是很有可能為此期間所產生的字。客語方言約定型於唐宋之際，故客語應有不少的詞彙、詞義應在此或前後大量產生並定型。如唐朝表「頂嘴」的「應」字；及宋朝表程度「很」的「腌」字。

〔註 12〕見白川靜（1977：149）。
〔註 13〕見《字典彙編》v.14，頁 75。

7.1.4　小結

本節就新屋豐順方言所調查的詞彙，從中擇取若干與古漢語有關聯的詞彙，嘗試做一詞源連繫上之探討，並分別以 1. 單音詞；2. 複合詞；3. 派生詞等舉例說明。對於古漢語詞彙的演變特點主要有三種情形，分為 1. 形義完全承傳；2. 部份承傳；3. 形承義變。有關歷史源流的層次則以三個層次做說明，分為：1. 甲骨金文語；2. 上古漢語；3. 中古漢語。

一般我們在探討古漢語時，應有一個認知，就是對於方言詞彙中，不與華語同但卻與古漢語及南方少數民族語具有同源關係時，應考慮到此詞或非屬真正之古漢語沿用，反而有可能是從南方少數民族語借入漢語中的，然後再轉借至方言，當然，有關少數民族語的底層詞、古借詞、同源詞之關聯，屬另一個議題，在此不專述。

就古漢語詞彙的沿用來論，新屋豐順方言與華語及當地海陸、四縣腔之比較上，大約可歸為以下兩個特點做為小結：

1. 豐順方言在古漢語之沿用上，其形義大致與當地通行之海陸腔、或與一般之客方言相同，只少數詞不同於一般之客方言詞，如「虴」、「惻」字，但「虴」字形義上則與華語同。

2. 豐順腔無海陸、四縣腔之「仔」綴詞，但卻一樣保有「牯、卵、婆、嫲……」等本有意義，後部份演變為無意義之虛綴詞。

7.2　借　詞

所謂的借詞（borrowing），廣義的涵義等同於外來詞（loan word），以詞彙借入的時間劃分，大致上，可分為早期借詞與近代借詞兩部份。早期借詞大部份為各漢語方言共同使用的詞彙，而這一類的借詞不是成了方言特色的底層詞，就是屬方言之間的同源詞，很難去釐清或區分清楚這層關係；近代借詞的部分，則可能產生比較多各別差異的詞彙在。另外，借詞以形式上劃分，亦可分為兩大類：1. 文化移借（cultural borrowing），指的是兩種不同的文化接觸後，對語言所產生的借貸關係；2. 方言移借（dialectal borrowing），指來自不同方言之間的移借關係。透過借詞的研究可為文化找出歷史的痕跡，並反映語言（或方言）文化的異質性，譬如，在雙方言或多方言社會的接觸之下，因為文化的互動頻繁，而使得彼此的音韻、詞彙相互影響，產生

了借用或消失、取代等之變化。

各方言在發展過程中，不可避免地會從其他方言和語言中吸收一些語言變體（linguistic variety）過來，但這決不能作為方言本身來源的主要依據，也就是說，這只能反映部份借詞的底層現象，例如，漢語當中普遍借入了不少佛家語詞彙，如：世界、佛、塔……等，並且普遍成了各漢語方言的共同詞，但這並不能代表他們之間有何親屬上的淵源關係。而這些來自於不同的語言變體，在各別的時期，分別成為方言在其語言結構上所表現出的痕跡，就代表了方言在不同時期的語言層（linguistic stratum）。

客語中的借詞，有來自漢語方言的，也有來自非漢語方言的，其中，非漢語方言又分來自國內各族與來自國外各族。而借詞的情形，總是合久分，分久合，或是融合成一體，時間一久，到底是誰借誰的詞，常常也會釐不清這一層關係，因此筆者試從詞彙歷史源流的演變、同源詞的對應關係、以及共時方言的對比中，並配合各家考證的語源文獻，嘗試將豐順客話的漢語與非漢語方言的借詞層次做一整理（亦適用於一般客語），以瞭解客語在歷時的演變中，其民族的變遷與表現在文化層面的交替變化。

要說明的是，語料來源，部分層次並非方言的直接來源，也可能相互輾轉流動的，譬如客語「鰱鯉」最先可能借自苗瑤、壯侗語或其他漢語方言，但壯侗等語又借自南島語，是故，南島語才是其底層詞，本文在探討時，儘量就原始的底層詞概念來論，並論及各語之間的關聯性。

本節與 7.4 節用來比較的語料，除新屋豐順為筆者調查外，其他語源主要的參考文獻有以下：

（1）王力，1980，《漢語史稿》。

（2）王均等編著，1984，《壯侗語族語言簡志》。

（3）王堯主編，1998，《苗、瑤、畬、高山、佤、布朗、德昂族文化志》。

（4）毛宗武，蒙朝吉編著，1986，《畬語簡志》。

（5）北京大學中國語言文學系語言學教研室編，1995，《漢語方言詞彙》。

（6）李如龍，2001，《漢語方言學》。

（7）李如龍、莊初升、嚴修鴻，1995，《福建雙方言研究》。

（8）李如龍、張雙慶主編 1992，《客贛方言調查報告》。

（9）施朱聯，1987，《畬族研究論文集》。

（10）張光宇，1996，《閩客方言史稿》。

（11）游文良，2002，《畲族語言》。

（12）黃雪貞，1995，《梅縣方言詞典》。

（13）詹伯慧主編，2002，《廣東粵方言概要》。

（14）鄧曉華，1994，〈南方漢語中的古南島語成分〉、1996，〈客家方言的詞彙特點〉、1999，〈客家話跟苗瑤壯侗語的關係問題〉、2000，〈古南方漢語的特徵〉。

（15）練春招，2001，〈客家方言與南方少數民族語言共同詞語考略〉。

（16）羅美珍、鄧曉華，1995，《客家方言》。

（17）羅常培，1989，《語言與文化》。

（18）羅肇錦，1998，〈客話字線索與非本字思索〉、2000，〈梅縣話是粵化客語說略〉、2002，〈試論福建廣東客家話的源與變〉。

7.2.1 漢語方言借詞的層次

屬漢語方言借詞的層次，大約如下，其中包含了因長期借詞而成方言的底層詞，以下舉例中，則列出和各方言同源的詞表，或列出在其他方言中所能找到的同源詞。

7.2.1.1 來自閩語

閩、客之間的關係，在地理分佈上常如影隨形，有客就有閩，有閩就有客，從大陸一直到臺灣都是如此，因此惠州府屬的海陸客話、潮州府屬的豐順客話，無形間就吸收了不少的閩南詞彙，而有別於四縣或梅縣詞彙，如新屋豐順的「金瓜」（南瓜），以及與海陸話相同的「糜」（粥，稀飯）、「痹」（累）、「枵」（餓）、「蜘蛛」（蜘蛛）、「箸籠」（筷籠）、「阿嬤」（嬤嬤）、「淳茶」（倒茶）、「使妮」（撒嬌）、「閒筝」（囂張）……等等，從閩南語的音韻、詞彙來看，再加上與其他客方言相較，都應屬從閩南語詞彙而來的。

7.2.1.2 來自粵語

粵方言本身並非純屬中原漢語直接「移植」下來的，而是在楚方言的基礎上，再加上當地原有的民族語言（壯語為主）慢慢形成今日的廣東話（羅肇錦 2000：152）。而閩、粵、客之間的關係，在大陸的地理分佈上，呈三角地帶，尤其粵、客在廣東的地理位置更為密切，因此客語中，便有很多是從粵語借來的。此外，羅肇錦（2000b）、（2002b）從聲、韻、調、詞彙考證，論證梅縣是粵化客語——那麼客語中應有不少詞借自於粵，而粵、客間有

很多詞也應具有同源關係。常見的有——「脢條肉」（里脊肉）、「髀」（大腿）、「飯糝」（飯粒）、「係」（是）、「煠」（以水煮）……等等，以及在意義上產生變異（有關意義變異詳見以下「借詞的策略」）的「嫐」（玩耍）、「嫲」（女稱）、「薀」（兒子）、「靚」（漂亮）等。

李榮（1985：98～102）考證出的吳語本字「渠」（或作「佢」）（他）、「擘」（分裂開）等，這些字，吳、客、粵語彼此間亦有同源關係。

7.2.1.3 來自贛語

客、贛歷史上關係密切，彼此的語言的特點又太相近，故而曾合為一方言區，但兩者在音韻及詞彙上仍有明顯的區別，在詞彙差異的部分，則反應在一部分常用口語詞的不同中（鄧曉華 1998）。因而客贛詞彙的借用關係也不易釐清，故在此並不舉例，但不可避免的，一定會有某些詞彙具有互借、共用的關係存在著。

7.2.1.4 來自其他漢語方言

包括臺灣海陸腔的「黃瓟」（南瓜）、四縣腔的「天光日」（明天）。另外，豐順「包菜」（高麗菜、洋白菜）一詞，不同於一般的臺灣客語詞彙，與大陸的梅縣客話同源，此外，此詞彙具有同源關係的另有：南昌（贛）、福州（閩）、武漢（官）、揚州（官）、長沙（湘）等，亦為「包菜」一說。

7.2.2 非漢語方言借詞的層次

客話中與漢語來源不同的，即有可能來自於其他非漢語方言，以下便從各語言之語料對比，並參考各家學者考證過的，分別列出客語可能的非漢語方言借詞的層次，其中，來自壯侗、苗瑤、畲語，則與客語的歷史源流有較為劃不清界限的關聯性，而畲、客之間，有太多的分合關係，在學術界上仍無法下定論，亦非本文之能力所能回答的，僅就現象之呈現，做一整理如下。

7.2.2.1 來自壯侗、苗瑤語（亦含畲）

鄧曉華（1999）考證了 68 詞，以及練春招（2001）亦考證了 56 詞等，這些詞彙與壯侗、苗瑤、畲等語，具有同源關係。如：「姆」（母親）、「嫐」（玩耍）、「揹」、「蛙」、「寮」（矮屋，棚屋）、「豬欄」（豬圈）、「陂」（水壩）、「囊尾」（蜻蜓）……等等。

同源詞比較舉例：

華語	壯	布儂	傣西	畬	連城	邵武	河源	梅縣	新屋豐順
蜘蛛	tu²kja:u¹	tuə²	kuŋ³	nɔ⁶khɣ⁴	laᵊkhiaᵊ	khioᵊ	khaᵊ	la₂khia²	la²k'ia²
	kwa:u¹	kau¹	nɔŋ⁶ku⁴			sauᵊ	lauᵊ		ti¹tu¹

華語	壯	布儂	水語	勉	畬	臨高	連城	長汀	梅縣	新屋豐順
次、回	pai²	pai²	pai²			fɔi³			ᶜpai	pai³
臭蟲（蛤蜱）				pi¹	kon³pji³ kon³pi³		kɔŋᵊpiᵊ	ᶜkonᶜphi	ᶜkɔŋᶜkɔŋᶜpi	kon¹pi¹
蜻蜓（囊尾）					sji⁵ŋji²kɔ³ zi⁵zi²kɔ³	huaŋ⁴ kiŋ¹	ᶜmiɔŋᶜti	ᶜnoᶜmi	ᶜniəŋᶜkiaŋ	noŋ²mi¹

7.2.2.2　來自畬語

　　以畬語本無文字之語言而論，當其語言與客語相混融合時（或借貸），比較多的情形是畬族語中有很多詞彙是來自於客語，若從畬借入客的，客語便將其轉換成音近的近似字來表示，如「儕」（畬，指人）、蝲蜻（畬語義，即「蜘蛛」）等，而這些字，因時代久遠，又無文獻可尋，也無法從古漢語尋出合理的來源關係，也許這和西南的少數民族本無文字有關，但從語音的對應中推測，這些詞在彼此語言間具有同源關係。

　　畬語的來源，學術界上普遍認定與苗瑤、壯侗有同源關係，與苗瑤近源，而與壯侗語遠源（鄧曉華 1999）（羅美珍、陳其光、毛宗武、蒙朝吉）〔註14〕。是故，壯侗、苗瑤、畬三者淵源關係密切，而畬、客關係又更近，客與三者同源的，則多半是從畬語借入客語，如「姆」（畬，a¹me⁶）（母親）、「嬲」（玩）、「寮」（畬，lau²² 指房屋）（矮屋，棚屋）、「豬欄」（豬圈）、蝲蜻（蜘蛛）、「蛤蜱」（臭蟲）、「拂」（丟掉）……等等。

　　與漢語不同源但與畬語同源的詞彙舉例：

華語	高粱	花生	小麥	背
畬	kau³njɔŋ⁶sjɔk⁷ siu²taŋ¹	**thji⁴thjeu⁶** ti⁴tɔ²	mak⁸	pa⁴
新屋豐順	siu²	**t'i³t'eu⁶**	mak⁸	pa²

〔註14〕見施聯朱主編（1987）《畬族研究論文集》。

7.2.2.3　來自南島語系

在客語中，常見的特殊字「鯪鯉」（穿山甲），一方面與壯侗語同源，一方面又與南島語同源，反映其底層詞應來源於更古的年代，下表中此詞與畬語反而不同源。

同源詞比較舉例：

華語	印尼	阿眉斯	泰	侗	布農	壯	畬	傣德	漳州	梅縣	新屋豐順
穿山甲（鯪鯉）	tengiling	ʔaləm	lin⁴¹	lan⁶	lin⁶	lin⁶	ŋu⁴	ket⁹lin⁶	la⁵li³	le⁵li³	lien²li¹

另外，「貓 niau¹¹」——其音與漢語的中古音源流不合，反而與臺灣原住民語有同源關係，如位於桃園或附近的馬來社、大崁均為「ngyao」（伊能嘉矩 1998：137）。

7.2.2.4　來自蒙古語

「車站」之「站」，與漢語原有之「站」久立的意思不同，是從蒙古語原音 jam 借來的，此字與土耳其語、俄語 yam 同出一源（王力 1980：508）（羅常培 1989：26）。

7.2.2.5　來自古西域借詞

從古西域借詞而來的，如：「獅」、「葡萄」、「玻璃」（原指水晶、玉之類）等等，依王力（1980：508～509）、羅常培（1989：18～27）考證，這是中國在歷史上和其他民族間，因文化互動而借入的詞彙。

7.2.2.6　來自佛家語借詞

佛教傳入中國，大約在漢代，並且進入人們生活中的用語，成為不可或缺的一部分，因此，有關的佛教用語（含譯詞），如「世界」、「佛」、「塔」等等，就成為生活詞彙了。

7.2.2.7　來自海南島語

屬於熱帶地區的產物名稱，應非屬本土語言原有的詞彙，而是直接或間接譯自產物地，如海南島語的「橄欖」、「椰子」等。

7.2.2.8　來自馬來語

如「檳榔 pen⁵³ loŋ⁵⁵」，是來自馬來語（Malay）「pinang」的對音（羅常培

1989：25）。

7.2.2.9　來自西洋、日語借詞

　　所謂的西洋借詞，多半是先從西洋借到日本成為外來詞，再從日本借到漢語或其他方言中，在此以日語借詞論。

　　日據時代，日本在臺灣的教育推廣，少說也有五十年的語言接觸，因此漢語中便有不少借音譯於日文的借詞，豐順客話中，舉例如下。

　　日語借詞舉例：

日文拼寫法	日本漢字	豐順詞彙	豐順語音	英文拼寫法	華語意
ポンプ	幫浦	幫浦	p'oŋ⁵³p'u⁵⁵	pump	抽水機
バス		巴士	pa⁵⁵si⁵³	bus	公共汽車
レモン	檸檬	檸檬	le¹³voŋ⁵³	lemon	檸檬
モーター		磨打	mo⁵³ta¹¹	engine	引擎、馬達
ガス	瓦斯	瓦斯	ŋa¹¹si⁵³	gas	瓦斯
トマト			t'o¹¹mat⁵to⁵³	tomato	蕃茄
ラジオ			la¹³ʒio⁵³	radio	唱片機
アルミ			a³³lu⁵⁵mi⁵³	aluminum	鋁
ホウソウ	放送	放送頭	poŋ¹¹suŋ¹¹t'eu⁵⁵		廣播
タイル			t'ai⁵³lu¹¹		瓷磚
エンソク	遠足		en¹³sok⁵k'u¹¹		遠足
ケギパン			k'e¹¹tsi⁵⁵paŋ⁵³		撲克牌
シヤツ			vai¹³siet⁵tsɨ¹¹		襯衫
ニンジン	人蔘		lin¹³ʒin⁵³		紅蘿蔔
ミソ	味噌	味素	mi¹¹so¹¹		味噌

　　以上所例舉僅部分之借詞，其中，雖底層為他族語，但在客語中，不少是由他族語先借到漢語，然後再借到客語。

7.2.3　借詞的策略

7.2.3.1　借詞的策略

　　探討借詞時，除了詞彙的借用關係外，還應包含聲母、韻母、聲調的借用關係，但詞彙的歷史來源往往與音韻有關，比如與無文字記錄的西南少

數民族語，在論詞源時，則以詞彙為主，以音韻為輔（語音之互借關係參見9.3 節）。

借詞的策略，大致可分為 1. 借形不借音義；2. 借形音不借義；3. 借部份語素；4. 借字之形音義折合。

一、借形不借音義

1. 粵，「嬲 nau¹」（生氣）──→客，「嬲 liau³」（閒聊遊逛）。

2. 粵，「靚 leŋ³」（景色美麗）──→客，「靚 tsiaŋ¹」（指人漂亮）。

二、借形音不借義

1. 粵，「孻 lai⁴」（最小最末）──→客，「孻 lai³」（兒子）。

三、借部份語素

1. 來自於西洋的，便有「胡～」、「番～」、「洋～」之構詞。如，胡椒、番火（火柴）、番油（媒油）、番茶箍（洗衣肥皂）、洋刀（可折合之刀子）、西洋瓜（佛手瓜）等等之說法。另外，意譯，也是譯詞的一種，如：新聞（譯自news）、新聞紙（譯自 newspaper）、鐵路（譯自 railway）。屬描寫詞的「荷蘭豆」（豌豆）亦為此類。

四、借字之形音義折合

將詞之形音義折合成自家方言的語音系統，主要有下列三種類型：

1. 因文化接觸而互借、互用──各語中對同一事物之命名不同，而有不同之詞彙形式，當文化互動、語言接觸頻繁時，會造成詞彙互借、互用的情形，如，閩之「金瓜」（南瓜）、四縣話之「天光日」（明天），分別與自家方言詞彙的「黃瓟」、「韶早」並用。

2. 因避諱而改採他詞，如粵之「脷」（客或作「利」）（豬舌頭），客語中亦因避諱，而借入粵方言之避諱詞。

3. 本方言無此類詞彙稱呼，採自外國語對譯的「橄欖」、「檳榔」等詞。

7.2.3.2　詞彙之借用關係

以「金瓜」（南瓜）一詞為例，此詞雖借自閩語而成豐順方言的底層詞，但原屬客語的「黃瓟」，卻可能在語言接觸與流變之下，而分分合合如下（亦適用於一般借詞的演變）：

【圖7.1】詞彙之借用關係圖——以「金瓜」、「黃瓠」、「橄欖」為例

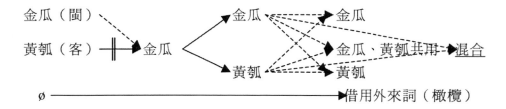

【圖7.1】前段之雙實線表原有之詞彙不用，而由虛線之詞彙改用；後段之虛線部份則是筆者假設一般借詞正常演變的情形可能有：共用、改用、原用，甚至也有可能是「借部份＋原部份」的「混合」組合形式，如「放送頭」（廣播）＝「放送」（借自日語）＋「頭」（方言本有之詞）。抑或從無詞形（以「ø」表示）到有詞形的借用，如：「橄欖」。

方言中的異讀字，有些是反映了方言語音、詞彙發展過程中，呈現疊置，但卻代表不同的層次來源，而這些都有助於我們更加瞭解，語言文字在演變過程中，與各族文化之間的互動，同時也反映了各族文化，在歷時與共時洪流中，分分合合的現象。

7.3　詞源之層次問題探討

客語的祖語（Proto Hakka）來源，在學術界上仍有爭議，對於客語祖源出現了不同之看法，不過，從以下幾派的看法，大底可看出其立論之走向：

1. 客家話為中原漢語南遷的延續，北方漢語的線性移植至南方，此為傳統學術界的認定，如，羅香林（1992），但此說已逐漸為後來學者持保留態度。

2.「客家話的起源是西晉末年的司豫方言，客家話是在司豫移民進入閩粵贛交界地區轉成客家人之後才作為族群標幟出現的名稱。」（張光宇1996：86）。

3. 客家話非北方漢語的「移植」，而是由北方漢人南遷到閩粵贛地區後，和當地土著畬族融合形成的，是北方漢文化到達閩、粵、贛區的交界的客家大本營後「地方化」的結果（鄧曉華1999）。

4. 以南方為主軸所發展出來的後期畬瑤，與南來的漢混合而成的，如羅肇錦（2002b）。

長期以來，客語以北方中原古音為源的立論，逐漸動搖，並傾向以南方為主軸發展而來的，由於各派之間論證充足，也就因如此，而使客語的祖源問題，仍有待更明確之證據來論斷。語言的親疏關係，主要還是從原始母語中，找出其共同特徵，亦即同源關係，看其是否呈現整組或整類的對應關係。

在詞彙源流的探討中，除了古漢語之沿用、方言之創新外，大致上，可將客語借詞的層次分為漢語方言（如：閩、粵、贛等）與非漢語方言（如：畬、苗瑤、壯侗、南島語系、日語借詞等）。其中，屬非漢語方言的畬、苗瑤、壯侗、南島語，因為年代久遠，又，各語族語言的來源未有明確之定案，因此，對於語言中，屬於古借詞或同源詞或底層詞之分別，因而也未明。不過，新屋豐順客話詞源與北方漢語及南方語的關聯性，可從下面兩種方向來論：

1. 與古漢語、南方語同源，但今北方漢語已不用。此又分為兩種可能的情形：

（1）古漢語從西南少數民族語借來，然後再借入客方言中，或直接從西南少數民族語借來。

客語的層次有來源於古漢語、西南少數民族語（壯侗、苗瑤、畬等）、等。其中與客語密切相關的畬族語的來源亦是多元的，學術界上普遍認定與苗瑤、壯侗有同源關係，與苗瑤近源，而與壯侗語遠源（鄧曉華 1999）（羅美珍、陳其光、毛宗武、蒙朝吉）〔註 15〕。故彼此的語源之間便有疊置現象，也更加快融合的效應，客語的形成，便是由這多種不同來源在不同的歷史層面上互動的結果。是故，客話中與漢語來源不同的，即有可能來自其他非漢語，但即使是來自於北方漢語（或古漢語），北方漢語中也有「南染吳越」的話語，如「蘋」（浮萍）字，《爾雅·釋草》〔註 16〕：「萍，蓱。」〔注〕：「水中浮蓱。江東謂之蘋。」此處所謂的江東，即屬南方，從下便可看出此詞與其他語在語音上相互對應的關係。

華語	壯	水	毛南	連城	福州	廈門	梅縣	新屋豐順
浮萍（蘋）	piəu²	piu²	pieu²	₋phiɔ	p'iu²	p'io²	₋phiau	p'iau²

<hr>

〔註15〕見施聯朱主編（1987）《畬族研究論文集》。
〔註16〕見《十三經注疏》【爾雅注疏】，頁 277。

（2）南方語言從古漢語借來，然後再借入客語中，這部份通常就是西南少數民族語的古借詞。部份古借詞借久了，就成了本族語特色之詞，是故，南方語的底層詞與古借詞，以及與其他語的同源詞，往往也就不易區別。

例如，豐順話中的「惻」（痛）字，與一般漢語或客語方言，如梅縣為「痛 t'uŋ⁵」，形音上均不合，一方面，「惻」似乎是古漢語的沿用，如《說文》：「惻，痛也。」但另一方面，此字卻又與西南少數民族的語音同源，如：

華語	壯	布儂	傣西	侗	仫佬	毛難	黎	新屋豐順
痛（惻）	tɕip⁷	tɕiat⁷	tsep⁷	it⁹	cit⁷	ci:t⁷	**tshok⁷**	ts'it⁷ ⁽⁸⁾

究竟「惻」是屬西南少數民族語的古借詞（借自於古漢語），之後再借入客語？或是原屬西南少數民族的語言，之後才借入古漢語，或借入客語中？抑或是由客語借入西南少數民族語？答案似乎都有可能。而此詞普遍用於近閩西客語系統的詞彙，如：豐順、饒平等，但卻少見於廣東客語系統，如：梅縣、四縣等。

又如，西南少數民族語，還有所謂的古借詞，即古漢語被少數民族語言借用，南方尚存但北方已不說的詞語，如「陂」（水壩）字，《廣韻》：「澤障曰陂。」

華語	宜豐	泰	侗南	新屋豐順
水壩（陂）	pi¹	fa:i¹	pi¹	pi¹

2. 不見於古漢語，但與南方語同源。例如閩、客方言的「蟑螂」一詞，或前述之「蜘蛛」等。前者詞彙之第二音節與壯侗語第二音節相對應，詞根一致，可見閩、客與壯侗語「蟑螂」同源（鄧曉華 1994）。

華語	壯	布儂	臨高	傣德	水	毛難	新屋豐順
蟑螂（蜛蚍）	tu²sa:p⁷	tuə²sa:p⁷	sia²lap⁷	mɛŋ²sa:p⁹	la:p⁷	da:p⁸	k'i²ts'at⁸
	福州	福鼎	莆田	廈門	永安	建陽	
	₋kala?₌	ka⁰sa₌	ka⁰ɬua₌	ka⁰tsua?₌	₋tsua	lue₌	

另外，屬南方語的，亦有保存古南島語的底層，如上述的「鯪鯉」（穿山甲）。

客語民族本有之文字，如同西南少數民族語一樣，應是由最早的無文字

時期漸漸發展起來的，客語或相關名稱的形成，多半由民間的口耳相傳成
「約定俗成」，一直到文獻資料的呈現，中間也許已過數百年，再要考其本
源就難上加難。而客語似乎也承襲了多種非漢語方言來源的詞彙，但也很
有可能這些詞彙，是其他漢語方言從非漢語方言借用而來，然後轉借入客
語的。故底層、同源、古借詞彼此的關係就更加複雜了，類似詞的來源問
題，也許待後來學者，透過語音、詞彙、歷史文化、出土文物……等等的綜
合分析，或結合其他考古的資料，抽絲撥繭，以做更深入的分析，並尋求更
合理的解釋，才能還原客語真正的面貌。

　　筆者在本文中，並無意為客語的來源歸屬妄下結論，畢竟它的來源關係
到太多層面問題的追索，而且，若只憑語音對應的關係，是無法成為同源詞
認定的絕對標準，但若結合整組語音或語法系統的結構對應，相信應可為同
源關係參考的基準。在這裡，僅就問題之呈現，並利用前人之語源考證文獻，
試圖構擬客語詞彙源流之層次，當歷史上找不到真正的源頭時，也許客語真
正的歸屬就是由這多層次的語源，在不同的歷史層面融合而成的一支獨特又
兼融的語言吧！

【圖 7.2】客語詞源層次之構擬圖──以新屋豐順話為例

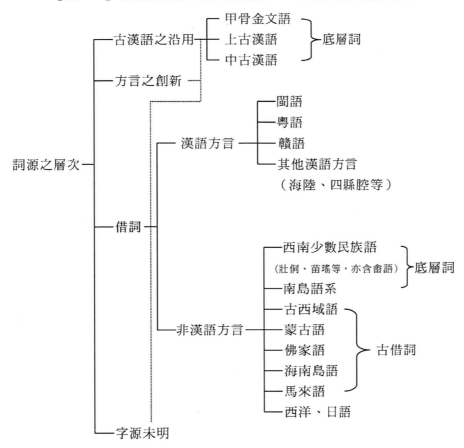

（虛線表彼此間部份詞彙會有同源之關聯性）